사회
독서,
세상을
읽는 힘

1

인권과 민주주의

사회 독서,
세상을 읽는 힘

1
인권과 민주주의

임성미 지음

북하우스

일러두기

* 각종 통계 자료 및 수치 등은 소개한 책에서 인용한 경우를 제외하고, 현재 시점을 기준으로 최대한 가까운 시기의 데이터를 참고하여 수정했습니다.
* '친구의 글'에 있는 글쓴이의 학교와 학년 정보는 작성일 기준(2016~2017)으로 표기했습니다.

차례

"지금 아이들은 기존 세대로부터 경험과 지식을 배워 미래를 준비하는 게 불가능한 역사상 첫 세대가 될 겁니다."

이런 충격적인 말을 한 사람은 『호모 데우스』의 저자 유발 하라리Yuval Harari입니다. 역사학자 유발 하라리는 기술의 변화에 따른 인류의 미래를 예견하면서 우리가 미래를 위해 지금 무엇을 해야 하는지 말하고 있습니다. 많은 사람들이 유발 하라리의 말에 귀를 기울이게 된 것은 2016년 구글에서 만든 인공 지능 바둑 프로그램 알파고AlphaGo가 이세돌 바둑기사를 이긴 후부터입니다. '알파고 충격' 이후 어떤 교육이 필요한가에 대해 많은 논의가 일어났지요. 교육 전문가들이 내놓은 의견을 보면 크게 두 가지입니다.

첫째, 책을 읽고 생각하는 힘과 감성을 길러야 한다는 것입니다. 책을 통해 세상을 읽어내는 힘을 기름으로써 사회 변화의 급물살에 휩쓸려가지 않고 창조적인 힘을 발휘할 수 있는 강한 사람이 될 수 있습니다.

둘째, 함께 살아가는 시민 정신을 함양해야 한다는 것입니다. 인공 지능 시대가 현실화되면 일자리 정책이나 기본소득 보장 등이 사회적 과제로 떠오를 수 있습니다. 이때 토론과 합의를 통해 좋은 사회를 만들어갈 수 있는 시민 정신이 필요할 것입니다. 이런 시민 정신도 결국은 폭넓은 독서를 바탕으로 기를 수 있습니다.

그렇다면 지금 우리는 어떤 교육을 받고 무엇을 위한 공부를 하고 있을까요? 그 어느 때보다 독서의 중요성이 대두되고 있지만, 정작 우리 청소년들의 독서량과 독서력은 매우 저조합니다. 우리나라의 대학 진학률은 70퍼센트에 달하고 있지만, 어려운 글을 읽을 줄 아는 문해력Literacy은 OECD 국가 중에 최하위권이라고 합니다. 이런 결과가 나온 것은 수많은 청소년들이 시험과 입시에 필요한 문제집을 푸느라 진짜 그들의 삶에 도움이 되는 책을 읽을 시간이 없기 때문일 것입니다.

청소년들을 대상으로 강의를 할 때마다 느끼는 것은 많은 청소년들이 노동에 대해 잘 모른다는 것입니다. 이는 청소년들은 아직 어리므로 사회 문제에는 관심을 끊고 공부나 열심히 해야 한다는 어른들의 시각 때문일 것입니다. 또 학교나 가정에서 노동 인권이나 정치, 환경, 경제 등의 사회적 문제를 두고 토론하고 대안을 생각해보는 시간이 거의 없었기 때문이기도 하고요. 세월호 참사로 아들을 잃은 한 어머니의 인터뷰 기사를 본 적이 있습니다. 그분은 사건 후 1년을 보내면서 정치가 얼마나 중요한지 알았다고 말하며, 학교에서 선생님들이 학생들에게 정치에 대해 가르쳐달라고 호소했습니다. 정치란 나쁜 게 아니고 반드시 관심을 가져야 하는 것임을 가르쳐달라고 말이지요.

이런 면에서 오늘날 유능한 독자는 지식과 교양을 쌓기 위한 독서에서 나아가 사회를 이해하고 사회 문제를 해결해나가기 위한 적극적인 독서를 하는 사람입니다. 즉, 사회독서를 하는 사람이 똑똑한 독자인 것입니다. 여기 실린 글은 《한겨레신문》 토요판 〈아하! 한겨레〉에 1년간 연재한 것으로, 인권, 민주주의, 경제, 미디어, 환경, 미래 사회 등의 주제에 맞는 책들을 골라 소개한 것입니다. 소개한 책들을 직접 읽어보는 것이 가장 좋지만, 만약 여의치 않을 경우 이 책을 읽어보는 것으로도 세상을 보는 지평이 넓어지는 계기가 될 것입니다.

무엇보다 부모님과 선생님이 먼저 읽어보기를 권합니다. 책 속의 '생각 근육 키우기'에 제시된 질문과 여러 자료를 바탕으로 자녀와 대화를 나눌 수 있을 것입니다. 또 학교 선생님이라면 교과 내용과 연계하여 토론하는 시간을 가져봐도 좋을 것입니다. 자유학기제나 자유학년제를 실시하는 학교에서도 진로독서 시간에 이 책을 활용하면 진로 탐색에 도움이 될 것입니다. 사회에 대한 이해력을 키워주는 책들을 읽다 보면 사회를 바라보는 관점이 생기고, 이를 바탕으로 자신이 하고 싶은 일을 찾을 수 있습니다. 사회를 알면 진로가 보입니다.

1권에서는 인권과 민주주의에 관한 책들을 소개합니다. 그 어느 때보다 중요해진 인권의 개념부터 일상 속에서 민주주의를 실천할 수 있는 다양한 방법을 알려주는 책들입니다. 예를 들어,『평화, 당연하지 않은 이야기』에서는 일상 속에서 평화를 해치는 폭력의 예들을 찾아보고 평화 감수성을 기르는 방법을 알아봅니다. 또 노동 인권, 정보 인권, 여성 인권 등을 주제로 한 책들을 소개하고 토론할 점을 함께 생각해봅니다. 이 밖에 시민 정신의 기초가 되는 권리와 의무의 가치, 인권과 공권력의 관계, 변화하고 있는 민주주의와 세상을 바꾸는 힘은 무엇인지도 함께 알아볼 것입니다.

이 책을 통해 청소년 여러분들이 인권과 민주주의가 멀리 있는 것이 아니라 나의 일상 속에서 펼쳐지는 문제임을 인식하고, 우리 사회의 반인권적, 반민주주의적 행태들에 눈감지 않고 적극적으로 나서서 바로잡을 수 있는 힘을 얻게 되길 바랍니다.

2018년 4월
임성미

1부

인권과
평화

01

자유는
지켜야 하는 일이다

"다른 사람의 상처와 분노를 상상할 수 있을 때,

우리는 마음속으로 그 사람을 이해하게 돼.

마음속으로 서로를 이해하게 될 때 우리는 외롭지 않아."

『자유의 길』

줄리어스 레스터 지음, 로드 브라운 그림, 김중철 옮김, 낮은산

미국의 노예 제도를 정면으로 마주보는 그림책. 사실적인 그림이 깊은 충격을 안긴다.
이 책을 지은 줄리어스 레스터는 흑인들의 삶과 역사, 인권 문제에 줄곧 관심을 가지고
그에 대한 이야기를 써왔다.

현대 사회의 노예들

세계인권포럼이 열리는 프랑스 서부 도시 낭트가 한때 노예 무역의 중심지였다는 사실을 아는 사람은 드뭅니다. 대서양 연안에 자리한 낭트는 18세기만 해도 노예선이 출항하던 항구였습니다. 낭트 시민들은 노예 무역을 했던 것을 깊이 사과하고 반성하면서 세계 인권 도시로 거듭나기 위해 노력했지요.

인류 역사에서 노예는 언제 생겨났을까요? 많은 역사학자들은 농사를 짓고 잉여 생산물이 생기면서부터라고 말합니다. 생산물을 더 많이 가진 권력자가 노예를 부리기 시작한 것이지요. 인류는 아주 오랫동안 노예 제도를 당연하게 여기며 살아왔습니다.

물론 신분 차별에 항의하는 거사가 여러 번 있었습니다. 고려시대인 1198년 만적이라는 노비는 "왕후장상의 씨가 따로 없다"고 말하며 노예 해방을 위한 모의를 시도하기도 했지요. 만적의 선언은 프랑스 혁명(1789)보다 약 600년 정도 빠릅니다.

미국의 링컨 대통령이 노예 해방 선언을 한 해가 1863년입니다. 그보다 앞서 서유럽에서는 18세기 말부터 노예 제도 폐지 움직임이 일었습니다. 영국은 1833년 대영 제국 내의 모든 노예들을 해방시킨다는 법안이 의회에서 통과되었고, 프랑스는 1826년 노예 매매를 금지하고, 1848년 노예 제도를 공식적으로 폐지했습니다.

그럼 이제 노예는 지구상에서 사라졌을까요? 국제노동기구ILO

에 따르면, 사실상 1,200만 명이 현대판 노예 생활을 하고 있다고 합니다. 2013년 방글라데시에서 한 의류 공장이 무너져 1,000명 이상이 목숨을 잃었던 사건을 기억하시나요? 그 의류 공장은 세계적으로 유명한 의류 브랜드 회사의 하청 업체였습니다. 오늘날 많은 다국적 기업들이 제3세계 노동자들의 싼 인건비를 바탕으로 옷을 만들어 명품이라고 광고를 하지요. 그날 목숨을 잃은 방글라데시 노동자들은 비상 탈출구도 없고 언제 무너질지 모르는 비좁은 건물에서 일을 하다 변을 당했습니다. 프란치스코 교황은 이 사건을 두고 "현대판 노예제"라고 말하며 강력히 비판했습니다.

사건이 불거지고 비난이 빗발치자 몇몇 다국적 기업들은 근무 환경을 개선하겠다고 했고, 미국을 비롯한 여러 나라들이 노동 착취로 만들어진 물건을 수입하지 않겠다고 선언했습니다. 하지만 이런 시도가 얼마나 효력이 있을지는 미지수입니다. 왜냐하면 가난한 나라 사람들은 부자 나라들이 일감을 주지 않으면 당장 돈을 벌지 못해 굶주리기 때문입니다.

미국 흑인 노예의 비참한 삶

미국에 끌려와 고통받는 흑인 노예의 삶을 다룬 책으로 스토 Harriet Beecher Stowe 부인이 쓴 『엉클 톰스 캐빈』이나 알렉스 헤일리Alex Haley의 『뿌리』가 있습니다. 둘 다 출간 당시 사회적으로 큰 반향을 일으킨 작품이지요. 제가 소개하고 싶은 책은 그림책 『자유의 길』입니다. 글을 쓴 줄리어스 레스터Julius Lester는 미국의 시민운동가 출신으로, 주로 흑인들의 삶과 역사, 정치 문제에 관심을 가져온 사람입니다. 그림을 그린 로드 브라운Rod Brown 역시 '노예'를 주제로 여러 작품을 남긴 바 있습니다.

이 책은 표지 그림부터 독자를 강하게 끌어당깁니다. 온통 주름으로 뒤덮인 늙은 흑인의 얼굴, 갈라진 손톱과 구멍 뚫린 모자, 허름한 옷이 한눈에도 그가 노예임을 짐작하게 합니다. 특히 가장 강한 느낌을 주는 것은 노인의 눈입니다. 어딘가를 바라보는 듯, 무언가를 떠올리는 듯한 노인의 눈에서 슬픔, 그리움, 체념 등이 연상됩니다.

짐작한 대로 이 책은 흑인 노예들이 미국에 끌려간 과정과 노예로 살면서 겪은 비참한 삶을 매우 사실적으로 보여주는 책입니다. 저자들이 작정하고 쓴 책이라 할 수 있습니다. 그래서 쉽게 책장을 넘길 수가 없습니다. 너무나 끔찍한 장면들을 만나기 때문입니다.

선실 안에는 천장까지 선반이 층층이 놓여 있고 선반 사이에 노예들이 누워 있습니다. 고개를 돌리거나 몸을 일으킬 수조차 없이 좁은 공간입니다. 모든 사람들의 발과 목에는 쇠사슬이 채워져 있고 쇠사슬은 양쪽 사람들과 이어져 있습니다. 사람이 물건처럼 차곡차곡 쌓여 있는 것이지요. 볼일도 누워서 보아야 했기에 선실은 악취가 진동했습니다. 병이 나거나 죽으면 바다에 던져버리면 그만입니다.

살아남은 사람들은 항구에 도착한 뒤 물건처럼 팔려나가 목화밭에서 죽도록 일하거나 주인집의 종이 되어 폭력에 시달렸습니다. 자식을 낳았지만 주인이 맘대로 팔아버려서 평생 헤어진 경우도 허다했지요. 폭력을 견디다 못해 도망쳤다가 다시 잡혀와 무자비하게 매를 맞고 죽기도 했고요.

표지 그림 속의 노인이 바라본 것은 50년 전의 한 장면이었습니다. 50년 전, 그의 다섯 살배기 아들은 주인에 의해 팔려갔습니다.

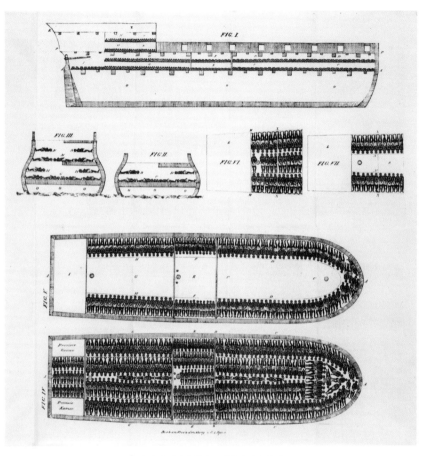

4층짜리 대서양 횡단 노예 수송선의 설계도
(토마스 클락슨, 「유럽인들을 향한 아프리카의 외침」, 1822).

주인에게 끌려갈 때 "아버지, 아버지!" 소리쳐 부르던 아들의 모습을 노인은 평생 눈에 담았습니다. 그 후로 노인은 아들을 다시 보지 못했습니다.

우리는 자유권을 누리고 있을까?

기록에 따르면, 당시 100톤의 노예선에 400명 이상의 아프리카 원주민을 실었는데 그 중 6분의 1이 항해 중에 사망했다고 합니다. 또 살아남은 이들 중 3분의 1은 노예로 살다가 사망했다지요. 처음에 아프리카에서 데려올 때는 추장에게 돈을 지불했지만, 나중에는 약탈과 납치로 이루어졌다고 합니다. 약 300년 동안 1,500만 명이 노예로 팔려나간 것으로 추산됩니다. 앞장서서 노예 무역을 했던 스페인, 포르투갈, 영국, 네덜란드 등은 엄청난 이익을 남겼습니다.

『자유의 길』의 마지막 그림은 노예 해방 선언으로 자유를 얻은 흑인들이 힘차게 걸어가는 장면입니다. 여기서 저자들은 자유가 무엇인지를 네 가지로 말하고 있습니다. 첫째, "자유는 자신과 자신이 살아온 시간에 책임을 지는 일", 둘째, "자신을 인정하는 일", 셋째, "자신이 스스로 주인이 되는 일", 넷째, "어떻게 지켜가야 할지 지금도 배워야 하는 일"이라고요.

이 그림책이 옛날이야기로 끝날 수 없는 이유는 노예 제도는 사라졌다고 하지만 노예와 같은 삶을 사는 사람들이 아직도 존재하기 때문입니다. 앞에서 말한 방글라데시 의류 공장 노동자의 비극처럼요. 오늘날 강제 노동에 시달리는 사람들 중 거의 절반이 어린이와 여성이라는 통계도 있습니다.

강제 노동이나 노예 노동은 지금 우리 사회와 무관한 일일까요? 조금만 관심을 갖고 보면 결코 그렇지 않다는 걸 금방 알 수 있습니다. 싫은 일을 억지로 강요당할 때, 약자라는 이유로 힘의 횡포에 굴복해야 할 때, 우리는 노예와 다름없는 처지에 있는 것이지요. 인권은 '자유권'을 갖는 것입니다. 여기서 자유란 신체의 자유, 사생활의 비밀을 보장받을 자유, 주거의 자유, 양심의 자유, 언론·출판의 자유, 학문과 예술의 자유 등을 말합니다.

감정 노동자들을 생각해봅시다. 감정 노동이란 노동자가 직장에서 일을 수행하면서 자신이 느끼는 감정과 다른 감정을 표현해야 할 때 발생하는 것을 말합니다. 백화점이나 대형 마트에서 일하는 노동자들은 고객의 몰상식적인 언행에 시달릴 때에도 친절하게 대해야 하는데, 이를 감정 노동이라고 합니다. 감정 노동자들은 이로 인해 심한 스트레스를 받고, 정신 질환을 앓기도 합니다. 이들이 헌법에 보장된 자유권을 누리고 있다고 말할 수 있을까요?

우리는 자기도 모르게 자유보다는 복종에 길들여지기 쉽습니다. 집단이 공유하는 가치와 규범에 따름으로써 안정감을 느끼기

방글라데시에는 해외 브랜드 의류를 제조하는 공장에서 400만 명 이상의 노동자가 종사한다.

때문입니다. 하지만 우리는 자유권을 해치는 일이 무엇인지 찾아
보고 문제를 개선하려고 노력해야 합니다. 『자유의 길』의 저자가
말미에 던진 말처럼 "자유는 어떻게 지켜가야 할지 지금도 배워야
하는 일"이기 때문입니다.

1. 장애인들의 작업장을 만들려고 하는데 마을 주민들이 이에 반대하는 시위를 벌이는 경우가 종종 있습니다. 이는 자유권 침해에 해당할까요? 이유를 말해보고, 대안도 찾아보세요.

····>

도움말) 먼저 여러 매체가 이런 뉴스를 어떤 관점에서 다루고 있는지 알아봅니다. 장애인 시설을 반대하는 주민들의 주장과 장애인 단체의 입장, 행정 당국의 조치 등을 찾아보고 무엇이 가장 우선적인 가치이고 어떻게 합의점을 찾을 수 있을지 생각해보세요.

2. 몇 년 전 국가인권위원회는 학교에서 일기를 쓰게 하고 일기장을 검사하는 것은 인권 침해라고 발언한 적이 있습니다. 일기장 검사가 왜 인권 침해에 해당되는지 생각해보세요. 아니면 이에 반대하는 입장도 생각해보세요.

⋯⋯>

도움말) 일기장 검사에 대한 개인의 경험이나 학교에서 생겼던 일화 등을 소개해보세요. 선생님이 일기를 보는 것이 사생활 침해가 될 수 있는지도 생각해보세요.

					친	구	의		글					

이 책 속의 흑인들은 어느 날 날벼락처럼 영문도 모른 채 끌려와 노예가 된다. 그러나 그들은 언제나 자유를 꿈꿨고, 언제나 길을 찾아 나섰다. 실패해도 다시, 또다시. 그리고 결국에는 자유라는 꿈을 이루게 된다.

이 책을 읽고 가장 먼저 든 생각은 우리 모두 이와 닮았다는 사실이다. 꼭 노동을 하는 노예만이 아니다. 공부, 회사, 컴퓨터 등등 우리는 수많은 것에 매인 채 끌려가고 있다. 우리가 이끌어가는 삶이 아니라 우리가 끌려가는 삶인 것이다. 공부, 즉 학원만 하더라도 실제로 학원을 자신의 의지로 다니고, 꿈을 이루기 위해 다니는 학생들이 얼마나 될까? 어른들은 주 40시간 근무하게 해달라고 목소리를 높이지만 정작 그들의 아이들은 주 60시간씩 공부하는 형국이다. 오죽하면 밤 10시에는 학원을 의무적으로 닫게 하라고 목소리를 높이겠는가?

이제 각자만의 '자유의 길'을 찾아 나설 때가 되었다. 실패해도 걱정하지 말자. 언제나 다음 기회는 있고, 노력은 그 자체로도 가치가 있는 것이니까.

_임성진(역삼중학교 2학년)

02

폭력과 평화에
민감해지는 법

"우리 모두는 매 순간

평화에 기여하는 사람이 될지

폭력을 가하는 사람이 될지

선택의 갈림길에 서 있다."

『평화, 당연하지 않은 이야기』

정주진 지음. 다자인

일상에서 평화가 깨지는 순간, 생각 없이 한 행동으로 다른 사람들에게 폭력을 가하는
순간, 내가 당할 수도 있는 폭력에 대한 이야기. 평화가 거창한 이념이 아니라 우리 일
상과 밀접하게 연결되어 있음을 알려준다.

차별도 폭력이다

인도의 성자로 불리는 마하트마 간디는 원래 변호사였습니다. 영국에 유학 가서 변호사 자격을 취득한 후 귀국했지만 수줍음이 많아 첫 변론에서 실패했습니다. 그러던 차에 남아프리카공화국에서 소송 사건을 맡아달라는 의뢰를 받고 그곳으로 건너갑니다. 그때 그의 나이 스물넷이었지요.

어느 날 간디는 출장 가는 길에 기차 칸에서 쫓겨나는 차별을 겪습니다. 단지 유색 인종이라는 이유로 말이지요. '이런 차별을 그냥 수용하고 살 것인가, 아니면 차별에 저항할 것인가?' 선택의 기로에서 간디는 저항을 결심합니다. 그 후 간디는 인종 차별 반대 모임을 만들고 신문 투고와 시위 등의 활동을 하며 투쟁에 앞장섭니다. 내향적이고 수줍음이 강해 변론도 잘 못하던 청년 간디

는 투쟁을 거듭하면서 점점 강해졌습니다. 그는 처음부터 강하고 특별한 사람이었던 게 아니라 신념과 가치를 실천해나가면서 점점 카리스마를 갖게 되었고 자신의 운명을 만들어갔던 것입니다.

지금은 간디가 살았던 시대처럼 피부색이 다르다는 이유로 대놓고 차별을 당하지는 않습니다. 그러나 여전히 다양한 이유로 차별이 존재합니다. 누구나 성별, 인종, 국적, 나이, 학력, 신분, 신체 조건, 출신 지역, 이념, 정치적 신념 등의 이유로 불합리한 대우를 받아서는 안 된다고 법으로 정해 놓았지만 차별은 사라지지 않고 있습니다. 남녀 차별을 해서는 안 된다고 알고는 있지만 여전히 여성은 남성에 비해 임금이 적습니다. 또 장애인에 대한 차별 금지도 잘 지켜지지 않고 있지요. 왜 그럴까요? 교과서나 지식을 통해서는 배우고 있지만 일상생활 속에서 차별에 대한 민감성이 부족한 탓인 듯합니다. 차별인 줄 모르고 행동하는 경우가 많은 것이지요. 오히려 차별에 민감한 사람을 유별난 사람으로 몰아세우는 일도 일어납니다.

『평화, 당연하지 않은 이야기』에서는 차별도 평화를 해치는 폭력이라고 강조합니다. 이 책의 저자 정주진 선생님은 '평화학'이라는 다소 생소한 학문을 연구한 분입니다. 평화학이란 우리가 필요로 하는 평화를 어떻게 이룰 것인지, 평화를 깨고 방해하는 것들을 어떻게 없앨 것인지, 그리고 어떻게 싸우지 않고 평화롭게 같이 살 것인지에 대해 연구하고, 사람들과 함께 실천할 수 있는 방법을 찾는 학문입니다. 테러와 전쟁, 각종 범죄에 시달리고 있는 요즘에 평화를 이루기 위해 무엇을 어떻게 해야 할지 궁금한 사람에게 이 책은 평화를 해치는 것들이 무엇인지, 우리가 어떤 마음가짐을 가져야 하는지 구체적인 방법까지 친절하게 알려주고 있습니다.

저자는 평화의 반대말은 전쟁이 아니라 폭력이라고 말합니다. 전쟁이 없다고 평화롭지는 않으니까요. 세상이 평화롭지 않은 이유는 전쟁이 많기 때문이 아니라 폭력이 많기 때문이라는 것입니다. 평화를 이루기 위해서는 폭력이 없어져야 하고 폭력을 없애기 위해서는 폭력을 잘 알아야 합니다. 즉, 폭력에 대한 민감성을 길러야 하는 것이지요.

언어 폭력, 가정 폭력, 학교 폭력 등은 직접적으로 눈에 보이기 때문에 얼른 인식할 수 있지만, 법이나 제도, 규칙에 의해 일어나는 간접 폭력은 유심히 살피지 않으면 잘 알아채기 힘듭니다. 예를 들어, 가난한 사람들에 대해 생각해보면 알 수 있습니다. 우리 주변에 열심히 일하고 노력해도 가난한 사람이 많은 것은 그들을 지원하고 돌보는 사회 구조, 즉 사회 안전망이 잘 갖춰져 있지 않기 때문입니다.

흔히 가난한 사람이나 임금이 낮은 사람에게는 신용도가 낮다며 은행에서 돈을 잘 빌려주지 않지요. 은행의 도움을 받지 못하는 사람들은 어쩔 수 없이 은행보다 이자가 비싼 대부업체에서 돈을 빌립니다. 대부업체도 국가에서 허가한 기업입니다. 높은 이자를 감당하지 못한 가난한 사람들은 더 가난해지고, 가난이 대물림될 수 있습니다. 이렇듯 법이 가난한 사람들에게는 불리하고, 돈을 빌려주고 이자를 받는 사람들에게는 유리하게 만들어져 있다면 그것은 바로 구조적 폭력인 것입니다. 사회 구조가 약자에 불리하게 돌아가는 상황이 바로 구조적 폭력인 셈이지요. 저자는 이런 구조적 폭력은 사람들에게 즉각적인 피해를 입히지는 않지만 오랜 시간에 걸쳐 조금씩 피해를 주고 때로 생명을 잃게 하기도 한다고 말합니다.

또 문화적 폭력이라는 것도 있습니다. 가난한 사람들을 게으르거나 문제가 많은 사람으로 취급하고 무시하는 사회 관습이나 통념 같은 것입니다. 이 역시 생명을 직접 위협하지는 않지만 사람들의 일상생활과 삶의 질에 큰 영향을 미칩니다.

폭력은 왜 생기는 걸까?

저자는 폭력이 생기는 이유는 힘의 차이를 이용하는 사람들이 있기 때문이라고 말합니다. 바람직한 일은 아니지만 인간관계에서 힘의 차이가 생기는 것은 흔한 일이지요. 사람들은 누가 알려주지 않아도 어떤 면에서 내가 다른 사람보다 힘이 있고, 또는 힘이 약한지를 잘 감지합니다. 공부를 잘해서 선생님에게 예쁨을 받는 학생이 큰소리를 치고, 돈을 많이 버는 사람이 돈이 없는 사람을 무시하기도 합니다. 일부 한국 사람들이 가난한 나라에서 온 이주 노동자를 함부로 대하기도 하고, 나이가 많은 사람이 젊은 사람에게 자신의 생각을 강요하기도 합니다. 이처럼 수입, 교육 수준, 사회적 지위, 정보, 말주변, 회사에서의 지위, 나이, 인맥, 국적, 출신, 민족 등이 모두 힘의 원천이 되고 사람들 사이에 힘의 차이를 만들어내는 것입니다.

하지만 이런 것들은 사실 사람들 사이의 '다름'이므로 그냥 서로 다르다고 인정하면 되는 문제입니다. 그것을 나쁜 것, 좋은 것, 나은 것, 부족한 것으로 구분하여 등급을 매기고 힘으로 다른 사람에게 강요하거나 강제로 빼앗기 때문에 폭력이 됩니다. 때로는 힘이 없는 사람도 힘의 등급을 인정하고 힘 있는 사람 말에 따라야 한다고 생각하기도 합니다.

이 책의 추천사를 쓴 권재원 선생님은 학생들의 입을 완전히 막아버린 억압적인 교사의 교실에서는 어떤 갈등이나 분쟁도 드러나지 않지만, 그것은 평화 교실이 아니라 폭력 교실이라고 말하고 있습니다. 정답이 아닌 말을 하는 학생을 '다른' 학생이 아니라 '열등한' 학생으로 간주할 때 폭력 교실이 만들어진다는 것이지요. 또 해고 가능성을 빌미로 노동자에게 더 많은 노동을 강요하는 기업주, 학위 수여를 미끼로 대학원생을 부려먹는 교수 역시 폭력을 행사하고 있다고 주장합니다. 그러면서 우리와 다른 누군가에게 열등하다고 딱지를 붙이고 특정 지역이나 특정 계층 사람들을 무시하고 특정한 생각을 가진 사람들을 적대시할 때, 그리고 사람을 위계와 서열에 따라 판단하고, 불평등을 당연하게 받아들일 때 우리는 이미 평화의 반대편에 서 있는 것이라고 말합니다.

지금 당장 시작하는 평화 운동

평화 운동은 열성적인 시민운동가들만 할 수 있는 것일까요? 이 책에서는 그렇지 않다는 사실을 보여주고 있습니다. 아프리카 라이베리아에서 태어난 평범하고 가난한 여성 레이마 그보위Leymah Gbowee는 10년 이상 계속되던 내전을 끝내는 데 결정적인 공헌을 합니다. 라이베리아는 무자비한 독재자와 긴 내전으로 인해 무고한 사람들이 죽어가고 아이들까지 군대로 끌려가며 날마다 불안하게 살아야 했습니다. 그보위는 내전을 끝내기 위해 엄마인 여성들이 목소리를 내야 한다고 생각했습니다. 그리하여 2002년, 평범한 여성들을 모아 평화를 위한 여성 모임을 조직하고 시위를 시작합니다. 2003년까지 시위에 참여한 여성들은 수천 명으로 늘어났고, 결국 14년간 이어진 내전을 끝내는 평화 조약이 맺어지게 됩니다. 그보위는 2011년 노벨 평화상을 수상했지요.

그렇다면 지금 우리는 평화를 위해 무엇을 할 수 있을까요? 저

° 노벨 평화상을 수상하는 레이마 그보위.

자는 평화롭게 살기 위해 각자가 최소한의 노력을 하자고 말합니
다. 나이를 내세우지 않고 어린 친구들에게도 공손하게 대하려고
노력하기, 다른 사람에게 내 생각을 강요하지 않고 자유롭게 생각
하고 행동하도록 참아주고 기다려주기, 기후 변화로 피해를 입는
사람들을 생각하며 에어컨이나 난방기 사용을 자제하기, 코코아
농장과 면화 농장의 아동 노동을 생각하며 나를 유혹하는 초콜
릿을 뿌리치고 면 티셔츠를 오랫동안 입기, 채소나 생선은 대형 마
트가 아닌 전통 시장이나 동네 가게에서 사려고 노력하기 등입니
다. 어떤가요? 한번 해볼 만하겠지요?

1. 저자는 평화를 이루기 위해서 폭력과 차별에 대한 민감성을 키워야 하고, 전쟁이나 가난에 관심을 가지며, 착한 소비를 위한 노력을 해야 한다고 말합니다. 책에서 저자가 제시한 내용을 정리하여 '평화 민감성 지수' 체크 리스트를 만들어보았습니다. 각 항목에 1부터 5까지 점수를 부여한 후 모두 합산해보세요.

- **나의 평화 민감성 지수는?**

점수	체크 리스트
	나는 나보다 나이가 어린 후배나 아이들을 무시하지 않고 평등하게 대한다.
	나는 우리나라에 온 이주 노동자를 무시하는 감정을 가진 적이 없다.
	나는 나와 다른 종교(생각이나 신념)를 가진 사람에게 나의 종교(생각이나 신념)를 강요하지 않는다.
	나는 나보다 성적이 낮은 친구를 무시한 적이 없다.
	나는 나보다 가난한 집의 친구를 무시한 적이 없다.
	나는 열심히 일해도 여전히 가난한 이유는 법과 제도에 문제가 있기 때문이라고 생각한다.
	나는 기후 변화로 인해 가난을 겪는 나라를 도와야 한다고 생각한다.

나는 가난한 나라의 아이들이 겪는 고통은 그 나라만의 문제가
아니므로 전 세계가 나서서 도와야 한다고 본다.

내가 사는 동네와 골목에 대형 마트나 프랜차이즈 가게가 많아
지는 것은 공정하지 못하다고 생각한다.

나는 가난한 나라의 아동 노동을 생각하며 공정무역 제품을 사
려고 노력한다.

나는 가난한 나라의 관광지에 가서 그들의 처지를 생각하여 전
기와 물을 아껴 쓰려고 노력한다.

나는 지구 온난화 문제에서 부자 나라들의 책임이 가장 크다고
생각한다.

나는 여성과 장애인에 대한 차별이 없어져야 한다고 생각한다.

나는 학교에서 성적이 좋은 학생들을 우대하는 것은 문제가 있
다고 본다.

나는 선생님이나 부모님이 어른이라는 이유로 일방적으로 강요
하는 것은 일종의 폭력이라고 본다.

나는 가난한 사람들이 게으르거나 성품이 안 좋아서 가난하다
고 생각하지 않는다.

나는 학교나 사회에서 나와 다른 생각을 하거나 튀는 행동을
하는 사람을 보아도 불편을 느끼지 않는다.

나는 우리나라가 다문화 나라이므로 여러 인종이나 종교를 인
정하고 함께 어울려 살도록 노력해야 한다고 생각한다.

나는 차별이나 폭력에 대해 민감성을 키우려고 노력하고 있다.

나는 나의 노력과 목소리가 평화로운 세상을 만드는 데 도움이
된다고 믿는다.

도움말) 위 20개 항목에서는 '예'라고 대답할 수 있는 항목이 많을수록 높은 점수를 얻습니다. 각 항목마다 5점을 부여하면 20개 모두 '예'라고 답했을 때 100점 만점이 되겠지요. 만약 18개 이상에서 5점을 부여했다면 매우 높은 평화 민감성을 가졌다고 칭찬받을 만합니다. 높은 평화 민감성을 계속 유지해가면서 주변과 세상의 평화에 기여하기를 바랍니다. 14개 이상 70점부터는 대체로 좋은 평화 민감성을 지녔다고 평가할 수 있습니다. 부족한 점을 보완한다면 평화주의자로 발전할 것입니다. 50에서 70점 사이는 약간 노력이 필요하다고 할 수 있습니다. 구체적으로 잘 안 되는 항목을 중심으로 평화 민감성을 기르는 방법을 생각해보세요. 50점 이하라면 평소 평화에 대해 무관심한 결과라고 볼 수 있습니다. 이제라도 인권이나 평화 관련 뉴스에 관심을 갖고 가족, 친구들과 토론하면서 평화 민감성을 기르기를 권합니다.

2. 책에서 알게 된 점을 바탕으로 외모, 가난, 성적, 성별, 피부색 등 일상 안에서 차별이나 폭력의 사례를 찾아보세요. 자신이 느꼈거나 겪었던 것도 좋고, 책이나 드라마, 영화에서 본 것도 좋습니다.

••••>

도움말) 가족이나 친구들과 둘러앉아 여러 사례를 찾아보면서 그것이 왜 문제인지, 개선할 점은 무엇인지 대화를 나눠보세요. 친구들과 함께 평화를 해치는 사례집을 만들어 주변에 나눠주거나 블로그 또는 학교 게시판에 올리는 것도 좋을 것입니다. 직접적인 경험이 떠오르지 않으면 여러 인권 운동 단체의 홈페이지에 들어가서 자료를 찾아보거나 신문에 나온 다양한 사례를 조사하여 토론해보세요.

					친	구	의		글					

저는 이 책에서 아동 노동에 관한 내용이 가장 기억에 남습니다. 전 세계 2억 1,500만 명의 아동들이 강제 노동에 시달리고 있다는 사실에 충격을 받았습니다. 더구나 그들은 정당한 권리와 급여를 받지 못하고 있습니다. 다행히도 아동 노동을 반대하는 운동을 하는 사람들이 있습니다. 우리도 초콜릿이나 커피를 구매할 때 공정무역 상품을 구매하는 것이 그런 아동들을 돕는 것이 됩니다.

사실 평화를 해치는 차별은 우리 주변에도 있습니다. 예를 들면, 어떤 어른은 자녀에게 가난이나 성적을 기준으로 친구를 가려 사귀라고 말합니다. 저는 이런 말을 들을 때마다 마음이 답답해지고 암담해집니다. 그러나 저자는 평화로운 세상은 분명히 가능하다고 말하고 있습니다. 또 평화는 몇 사람의 희생만으로 가능한 것이 절대 아니라고 강조합니다. 평화를 이루려면 세상을 더 자세히 보아야 하고, 폭력으로 아파하는 목소리를 더 깊이 들어야 하고, 실천을 통해 바꾸려고 노력해야 합니다.

제 또래 학생들은 평화보다는 연예인, 게임 등에 더 많은 에너지를 쏟아붓습니다. 그 친구들에게 이 책을 권합니다. 점점 더 많은 사람들이 평화에 관심을 가진다면 더 좋은 세상에 가까워질 것입니다.

_강세현(봉영여자중학교 1학년)

노동하기 싫으면
열심히 공부하라고요?

"학교에서는 공부하는 기계,

근로 현장에서는 일하는 기계.

인간으로 태어났는데 기계로 키워지다니."

『저스트 어 모멘트』

이경화 지음, 탐

이경화 작가의 네 번째 청소년 소설로 최저임금을 둘러싸고 벌어지는 청소년 아르바이
트생들의 이야기를 담고 있다. 청소년들도 행복하게 일할 권리가 있고, 누구나 징딩힌
권리를 찾을 수 있음을 다시 한번 일깨워준다.

일하는 청소년들

우리 사회에서 노동을 하는 청소년은 얼마나 될까요? 2016년 통계청에서 발표한 고용 동향에 따르면, 우리나라 전체 청소년들 중 노동을 하고 있는 비율은 7.3퍼센트를 차지하고 있습니다. 또 노동하는 청소년 절반이 경제적인 이유, 즉 돈을 벌기 위해서 노동을 한다는 조사도 있습니다(전국교직원노조, 2011). 어떤 청소년은 당장 돈을 벌지 않으면 생활을 이어갈 수 없는 처지에서 일을 하고 있으며, 그러다 보니 학교를 그만두기도 합니다.

열악한 환경에서 일하거나 노동의 대가를 제대로 받지 못하는 청소년 노동자도 많습니다. 여학생 중에는 일터에서 성희롱이나 성추행을 당하는 경우도 적지 않다고 합니다. 그런데도 노동을 하는 청소년들 대부분이 가정 형편이 여의치 않아 당장 생계를 위해 일하는 처지여서 부당한 일을 당해도 법적인 대응을 하기가 쉽지 않습니다. 이런 청소년들을 돕기 위해 각 지자체에서 청소년노동인권센터를 운영하기 시작한 것은 매우 고무적인 일입니다.

『저스트 어 모멘트』는 17세 청소년의 아르바이트 경험을 다룬 소설입니다. 주인공 시은은 아빠가 운영하던 학원이 망하자 스스로 돈을 벌기 위해 '저스트 어 모멘트'라는 식당에서 아르바이트를 시작합니다. 그 이름처럼 잠깐 머물다 떠나기를 반복하는 식당에서 시은은 새로운 세상을 경험합니다. 드디어 받게 된 첫 주급. 그

노동 인권을 배우지 못한 청소년은 노동 현장에서 부당한 대우에
제대로 대응하지 못하는 취약한 상태에 놓인다.

러나 시은이 받은 주급은 최저임금에도 미치지 못했습니다. 이런 저런 이유로 임금이 깎인 것입니다.

시은과 함께 일하던 정운은 사장에게 최저임금을 보장해달라고 요구하다가 거절당하자 식당 앞에서 1인 시위를 하며 부당함을 알립니다. 곤란해진 사장은 정운에게 최저임금을 주고 내보내지요. 하지만 시은은 여전히 최저임금도 받지 못합니다. 그러면서 사장은 손님들이 줄어들까 봐 "저스트 어 모멘트는 청소년에게 최저임금을 지급하는 식당입니다"라는 문구를 써서 식당 앞에 붙이라고 합니다. 이에 시은은 "저스트 어 모멘트는 청소년에게 최저임금을 안 지급하는 식당입니다"라고 고치고 시위를 시작합니다.

노동에 대한 대가를 요구하는 것

이 소설을 쓴 저자는 숱한 비정규직 일을 했다고 합니다. 대학 구내식당에서 라면 끓이기와 설거지하기, 학습지 배달하기, 꽃 팔기, 서빙하기 등 정말 많은 일들을 했습니다. 그래서인지 이 소설에는 저자의 생생한 경험이 녹아들어 있습니다. 특히 이 소설을 읽으면 노동자와 청소년 노동을 바라보는 어른들의 비뚤어진 생각을 읽어낼 수 있습니다.

"지식이 곧 돈이다. 고로, 공부를 열심히 하라는 소리다. 찌질하게 돈 몇 푼 올려 달라며 더운 날 머리에 띠 두르고 파업하는 노동자가 될 것인지, 에어컨 빵빵하게 돌아가는 사무실에서 카디건 걸치고 서류에 사인하는 사람이 될 것인지는 이번 여름 방학에 달렸다. 안락한 미래를 위해서 현재를 희생할 줄 아는 현명한 여러분이 되기를 바란다."

시은의 담임 선생님이 한 말입니다. 그런가 하면 식당 손님은 "학생이 공부를 해야지, 이런 데서 돈 벌고 있으면 되겠어?", "요즘 애들, 문제야, 문제. 어린것들이 너무 일찍 돈맛을 알아가지고" 하면서 함부로 내뱉습니다.

일하는 청소년들에 대한 이런 태도는 엄연히 잘못된 것입니다. "어린것이 공부나 하지 무슨 일이야?", "너희들 같은 어린애들은 사회 경험 한다고 생각하고 고맙게 일해야 해"라는 식의 태도가 청소년들의 노동을 값싼 노동, 필요하지 않은 노동으로 만듭니다. 노동자는 직업이나 나이를 불문하고 노동의 대가로 임금을 받아 생활하는 사람을 말합니다. 단지 나이가 어리다는 이유만으로 일할 권리를 무시하거나 값싼 임금을 줘도 된다고 생각해서는 안 됩니다. 청소년 노동도 어른이 하는 노동과 다르지 않습니다. 청소년이라고 하여 임금을 적게 줘서는 안 되는 것이지요.

이 책에 나오는 정운은 사장에게 최저임금을 달라며 1인 시위를 할 만큼 당당한 청소년입니다. 정운은 "자존감을 위해, 나를 위해" 시위를 한다고 말합니다. 노동에 대한 대가를 요구하는 것은 법으로 보장된 당연한 권리인데 이를 포기하는 것은 자신의 존엄성이 걸린 문제라는 뜻이겠지요.

원래 최저임금은 '사용자가 노동자에게 최소한 이 정도 임금은 주고 일을 시켜야 한다'고 법으로 정한 최저 기준을 말합니다. 노동자와 사용자, 정부 관계자로 구성된 최저임금 심의위원회가 해마다 물가 인상 같은 요인을 감안해 최저임금을 정하지요. 이를 어기는 사용자는 처벌을 받습니다.

그런데 문제는 최저임금이 최적의 임금인 것처럼 인식된다는 점입니다. 최저임금은 저임금 노동자를 보호하고 임금의 격차를 줄이려고 도입한 것인데, 이것이 오히려 임금의 기준이 되어버린 것이지요. 그나마 최저임금마저 주지 않고 교묘하게 법망을 피해가는 사용자도 있습니다. 이런 피해를 예방하고 청소년 노동 인권을 보장받게 하려고 고용노동부는 청소년 노동자를 위한 알바 십계명을 만들기도 했습니다.

왜 노동 인권을 알아야 할까?

최저임금과 같이 노동자로서 누려야 할 기본적인 권리를 법으로 정해놓은 것을 노동 인권이라고 합니다. 노동 인권은 천부 인권처럼 누구나 갖고 있는 보편적인 인권에서 나온 개념입니다. 천부

청소년 알바 십계명

1계명 만 15세 이상만 근로가 가능해요.

2계명 부모님 동의서와 나이를 알 수 있는 증명서가 필요해요.

3계명 근로계약서를 반드시 작성해야 해요.

4계명 성인과 동일한 최저임금을 적용받아요.

5계명 하루 7시간, 일주일에 40시간 이상 일할 수 없어요.

6계명 휴일에 일하거나 초과 근무를 했을 경우 50퍼센트의 가산 임금을 받을 수 있어요.

7계명 일주일을 개근하고 15시간 이상 일을 하면 하루의 유급 휴 일을 받을 수 있어요.

8계명 청소년은 위험한 일이나 유해 업종의 일을 할 수 없어요.

9계명 일을 하다 다치면 산재보험으로 치료와 보상을 받을 수 있 어요.

10계명 청소년 상담·신고 대표전화 1644 - 3119

* 아르바이트도 반드시 근로계약서를 작성해야 한다.
부당 처우를 받을 경우 청소년근로권익센터의 도움을 받을 수 있다.

인권은 인간이 태어날 때부터 갖는, 하늘이 부여한 권리라는 뜻이
에요. 노동 인권은 1949년 국제노동기구가 단결권과 단체교섭권에
관한 협약을 체결하고, 1957년 강제 노동 금지, 고용과 직업의 차
별 금지 협약을 채택하면서 구체화되었습니다. 대한민국 헌법 제
32조에는 "모든 국민은 근로의 권리를 갖는다"고 되어 있으며, 헌
법 제33조에는 노동자에게 단결권, 단체교섭권, 단체행동권을 부
여하고 있습니다. 이것을 노동 3권이라고 합니다. 노동 3권을 노동
기본권이라고도 하는데, 여기에는 일할 수 있는 권리뿐만 아니라

노동자가 인간답게 살 수 있도록 일자리와 노동 조건을 갖추어야 하는 국가의 의무도 포함하고 있지요.

그런데 왜 자본 인권, 기업 인권, 상인 인권 같은 말은 없고 특별히 노동자에게만 노동 기본권을 따로 부여하여 노동 인권이라는 말이 생겼을까요? 그것은 자본주의라는 체제의 특성 때문입니다. 자본주의 체제하에서 국가가 개입하지 않고 노동자와 자본가가 자유롭게 계약을 맺도록 하면 노동자에게 불리할 수밖에 없기 때문이지요. 노동자는 상대적 약자이므로 노동자의 권리를 법으로 정해 보호한 것입니다.

매일 학교 가기 바쁜 청소년에게 노동권이나 노동 인권 같은 말은 아직 실감이 나지 않을 것입니다. 아직 노동자로 살아본 경험이 없으니 먼 미래의 일처럼 느껴질 수 있지요. 어쩌면 자신은 노동자가 되지 않을 거라고 생각하는 사람도 있을 거예요. 선생님이나 공무원, 의사, 검사, 회계사 같은 전문직은 노동자가 아니니까 노동권을 배울 필요가 없다고 생각할지도 모릅니다. 하지만 이들 역시 노동자입니다. 자영업˙을 하거나 기업을 운영하는 등 생산 수단을 갖춘 사람이 아니라 기업이나 국가, 단체 등에 고용되어 일을 하고 임금을 받는 사람을 모두 노동자라고 말하는 것입니다. 우리 사회 구성원의 70퍼센트가 노동자이며, 노동자의 절반 이상이 비

˙ 직접 자본을 가지고 점포, 공장 등을 운영하는 것.

정규직 노동자입니다. 그러므로 노동자들이 처해 있는 노동 환경과 노동 인권은 반드시 알아야 할 상식인 것이지요.

그렇다면 기업가가 되고 싶은 사람은 노동 인권에 대해서 몰라도 될까요? 기업가는 노동자들에게 일을 시키는 사람입니다. 기업가가 노동에 대해 알아야 되냐고 묻는 것은 어리석은 질문입니다. 노동자가 의욕적이고 창의적으로 일해야 경영 성과도 좋겠지요. 노동자를 그렇게 이끌려면 노동자를 깊이 이해해야 합니다. 또 기업가가 노동자의 인권을 침해하면 비난 여론이 일어나고 노사 분쟁이 일어나서 기업에도 손해입니다.

기업가도 자기 사업을 하다가 실패하면 다시 직장을 구해 노동자로 돌아가기도 합니다. 이처럼 '한 번 노동자는 영원한 노동자, 한 번 자영업자는 영원한 자영업자'가 아닙니다. 우리들 대다수가 앞으로 노동자가 될 것이니 앞날을 대비해 노동 인권에 대해 알아 두어야 합니다. 또, 특성화 고등학교의 현장 실습도 엄연히 노동이므로 노동 인권을 알고 그에 합당한 처우를 받아야 합니다.

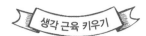
생각 근육 키우기

1. 많은 청소년들이 '노동은 고통스럽다', '노동자는 사회에서 제대로 대접받지 못한다'는 생각을 갖고 있다고 합니다. 또 커서 힘든 노동을 하기 싫으면 공부 열심히 하라고 말하는 어른들도 적지 않습니다. 노동자에 대한 인식을 바꾸고 노동자가 자부심을 갖고 일할 수 있으려면 어떻게 해야 할까요?

⋯⋯>

도움말) 먼저 노동자란 어떤 사람을 말하는지 생각해보고, 특히 육체노동자에 대한 부정적인 이미지가 어디서 비롯된 것인지 찾아보세요. 노동자에 대한 인식과 임금은 어떤 관련이 있을지도 생각해보세요.

2. 청소년은 부모님이나 보호자의 동의를 받아야 노동을 할 수 있습니다. 만약 여러분의 친구가 소설 속의 시은처럼 노동을 하다가 최저임금을 받지 못하고 있다면 그 친구에게 어떤 도움을 줄 수 있을까요? 또 청소년 노동자 문제에 대해 같은 청소년으로서 연대할 필요가 있을까요?

......>

도움말) 주변에 경제적 어려움 때문에 노동을 해야 하는 친구가 있는지 살펴보세요. 고용노동부 청소년근로권익센터(1644-3119)로 문의해보거나 알바연대 등 시민 단체의 도움을 받을 수 있습니다. 그 밖에 어떤 방법으로 청소년 노동자들과 연대할 수 있을지 생각해보세요.

| | | | | | 친 | 구 | 의 | | 글 | | | | | |

이 소설에 나온 시은이는 가정 형편이 나빠져서 용돈을 벌기 위해 알바를 시작한다. 스스로 용돈을 벌겠다고 식당을 찾아간 시은이가 참 용감하다는 생각이 든다. 부모님 품에서 별 걱정 없이 지내고 있는 내가 시은이에게 미안해진다.

하지만 소설 속 식당 아줌마와 지배인이 최저임금을 받지 못해도 사장에게 항의를 못하는 걸 보면서 마음이 안 좋았다. 그들은 일자리를 잃을까 봐 그런 것이다. 약자의 처지를 이용하여 임금을 제대로 주지 않은 사장이 비겁하다고 생각한다. 아마 힘없는 사람을 무시하는 태도에서 나온 행동일 것이다. 나보다 약한 사람을 보고 무시하는 마음이 들 때 나 역시 그 식당 주인처럼 비겁한 사람일 것이다.

정운이 같은 청소년이 있다는 게 신기하고 기뻤다. 정운이가 왜 알바를 하게 되었는지, 어떻게 그런 당당함을 길렀는지 궁금하다. 나도 정운이의 자존감과 당당함을 본받고 싶다. 나중에 나도 알바를 하게 될 것이다. 그때 부당한 일을 당하면 용기를 내어 정운이와 시은이처럼 노동법을 지키라고 요구할 것이다. 또 친구가 알바를 하다가 부당한 대우를 받을 때에도 친구를 도와 함께 목소리를 낼 것이다. 책에서 배운 대로.

_신예린(대방중학교 3학년)

04

불의에
저항할 권리

"이 엉망진창인 세상이 바로 펴지기 전까진

머리카락을 안 펼 거야."

『열다섯 살의 용기』
필립 후즈 지음, 김민석 옮김, 돌베개

로자 파크스보다 먼저 행동한 '용감한 십대' 클로뎃 콜빈의 이야기. 사람이라면 누구나
정의를 말하고 행동할 자격과 권리가 있음을 보여준다.

열다섯 살 소녀의 용기

『논어』의 첫 문장은 '학이시습지 불역열호學而時習之 不亦說乎'입니다. "배우고 때때로 익히면 기쁘지 아니한가?"라는 뜻으로, 공자가 가장 먼저 얘기한 것이 바로 배움의 즐거움입니다. 또한, 공자는 열다섯 살에 비로소 공부에 뜻을 두었다고 하여 15세를 지학志學이라고 했습니다. 공부의 의미를 알고 열심히 배우기 시작했다는 말이겠지요. 이렇게 한창 배워야 한다고 여겨지는 열다섯 살의 나이에 오히려 배움을 실천하기까지 한 소녀가 있습니다. 『열다섯 살의 용기』의 주인공 클로뎃 콜빈Claudette Colvin이라는 소녀입니다. 1955년에 열다섯 살이었으니까 지금은 여든에 가까운 할머니가 되었겠네요. 대체 그녀는 열다섯 살에 무슨 일을 했을까요?

1955년 클로뎃은 미국 남부 앨라배마 주 몽고메리 시에 사는 고등학생이었습니다. 1863년 링컨 대통령의 노예 해방 선언으로 노예 제도가 없어진 후에도 남부에서는 여전히 인종 차별이 심했습니다. 1950년대 몽고메리 시에서도 '짐 크로 법Jim Crow Law'이라는 인종 분리 정책 때문에 많은 흑인들이 차별에 시달렸지요. 백인 연기자가 흑인 분장을 하고 흑인의 삶을 조롱하는 쇼가 19세기 미국에서 크게 유행했는데, 짐 크로는 그 쇼의 주인공 이름입니다. 짐 크로는 가난하고 어리석은 캐릭터로, 이후 흑인을 통칭하는 표현이 되었습니다. 짐 크로 법은 흑인과 백인을 철저하게 분리하는 법이었습니다. 이 법에 따라 흑인과 백인은 서로 다른 병원에서 태어나야 했고, 서로 다른 동네에서 살아야 했고, 심지어 죽어서도 다른 묘지에 묻혔습니다. 흑인은 백인과 함께 공부하거나, 놀거나, 식사하거나, 일하거나, 예배를 드리거나, 버스나 기차를 타거나, 수영장에서 함께 수영을 하거나, 화장실을 같이 쓸 수 없었습니다.

특히 버스를 탈 때 모든 흑인들은 굴욕을 감수해야 했습니다. 흑인들은 버스 앞문으로 탄 뒤 운전사 옆에 있는 요금통에 차비를 넣습니다. 하지만 앞쪽 백인 전용 좌석이 모두 비어 있지 않으면 흑인들은 버스에서 내려 뒷문으로 다시 타야 했지요. 몽고메리 시의 시내버스는 좌석이 모두 서른여섯 개였습니다. 앞쪽 네 줄에 열 명이 앉을 수 있었는데, 모두 백인 승객을 위한 자리였습니다. 백인 승객의 자리가 비어 있어도 흑인 승객들은 그 자리에 앉을 수 없었습니다. 만약 백인용 좌석 열 개가 다 차면 운전사는 버스 중간과 뒤쪽에 앉은 흑인 승객들에게 소리를 쳤습니다. 새로 탄 백인 승객한테 자리를 양보하라고 말이지요. 그러면 흑인 승객 네 명은 자리에서 일어나 뒤쪽으로 가야 했지요. 흑인 승객이 나이가 많거나, 임신을 했거나, 환자이거나, 아이이거나 하는 것은 문제가 되지 않았습니다. 그러다 보니 버스 회사는 거친 사람을 운전사로 채용했습니다. 몽고메리 시 조례는 버스 운전사에게 경찰권을 부여했고 심지어 권총을 가지고 다니는 운전사도 있었습니다. 피곤에 지친 흑인들은 빈자리가 뻔히 보이는데도 서 있어야 했습니다.

유색 인종 전용 식수대에서 물을 마시는 흑인 청소년.

간혹 억울한 상황이 생겨 운전사에게 대들었다가 목숨을 잃은 경우도 있었고, 경찰서에 연행되어도 백인 판사와 위협적인 경찰관 앞에서 무력감을 느낄 뿐이었지요.

하지만 1954년 5월 17일 미국 연방대법원은 공립 학교에서의 인종 분리 정책은 위법이라는 판결을 내립니다. 이 판결은 짐 크로 법에 타격을 입혔고 남부 여러 주에 영향을 주어서 많은 학생들이 변화를 기대하면서 용기를 내기 시작합니다. 열다섯 살 클로뎃 콜빈도 그런 소녀였습니다. 바로 콜빈의 용기 있는 행동이 흑인들의 삶을 바꾼 사회 운동의 시발점이 됩니다.

"나는 이 자리에 앉을 권리가 있어요"

1955년 3월 2일 클로뎃은 친구들과 함께 버스에 올라 백인 전용 좌석 뒤 왼쪽 창가 자리에 앉았습니다. 버스가 달리면서 차츰 백인들이 앞좌석을 채웠고, 한 젊은 백인 여성이 통로에 서 있었습니다. 그때 운전사가 뒷거울을 보면서 말했어요. "거기 좀 일어나지?" 하지만 클로뎃은 꼼짝하지 않았습니다. 클로뎃이 앉은 좌석 줄에 빈자리가 있었는데도 백인 여성은 빈자리에 앉지 않았습니다. 흑인인 클로뎃이 일어나서 뒷좌석 쪽으로 가라는 뜻이었어요. 백인 여성과 흑인 아이가 같은 줄에 앉는다면 그것은 서로 동등하

버스 승차 거부 운동 이전에는 흑인들은 앞좌석에 앉을 수 없었고,
뒷좌석에 앉거나 서서 가야만 했다.

다는 뜻이었으니까요. 운전사가 계속 소리쳤지만 클로뎃은 그대로 앉아 있었습니다. 그러자 운전사는 버스를 몰고 가서 경찰 순찰차 앞에 세웠습니다. 곧 경찰관이 버스에 올라탔고 클로뎃에게 일어나라고 외쳤습니다. 하지만 클로뎃은 "저 백인 아줌마처럼 나도 이 자리에 앉을 헌법상의 권리가 있어요"라고 대꾸했습니다. 결국 경찰관은 클로뎃을 거칠게 끌고 갔고, 그 후 클로뎃은 재판에서 유죄를 선고받고 보호관찰형에 처해집니다.

한 흑인 여학생이 백인 승객에게 버스 좌석을 양보하길 거부하다 체포되었다는 소식은 삽시간에 몽고메리 흑인 사회에 물결처럼 퍼져나갔습니다. 그러다가 그해 12월 1일 또 다른 흑인 여성이 같은 이유로 체포되어 감옥에 갇힙니다. 바로 40대 초반의 로자 파크스Rosa Parks 여사였습니다. 이 사건은 마침내 마틴 루터 킹을 비롯한 흑인 민권 운동가들이 합세하면서 흑인 민권 운동을 점화하는 계기가 됩니다. 본격적인 버스 승차 거부 운동*이 시작되었고, 수많은 흑인들이 수십 킬로미터를 걸어서 직장에 다니거나 카풀을 하였습니다. 이로 인해 많은 흑인 지도자들이 KKK단과 같은 백인 우월주의자 집단으로부터 테러를 당하기도 했지요. 목숨을 잃은 사람도 많았습니다. 하지만 버스 승차 거부 운동은 결국

---

* 버스 이용 인구의 75퍼센트에 달하는 흑인들의 버스 승차 거부는 381일간이나 이어졌고, 버스 회사는 재정에 심한 타격을 입었다.

흑인들의 승리로 끝났습니다. 1956년 6월 19일 미국 연방대법원은 몽고메리 시의 인종 분리 좌석 제도를 폐지하라는 판결을 내린 것이지요. 이 재판에서 클로뎃은 다른 흑인 넷과 함께 원고로 참석하여 자신이 한 행동과 의도를 용감하게 증언하였습니다.

무엇이 클로뎃에게 그런 용기를 주었을까요? 클로뎃은 1939년에 태어나 아주 어릴 때 친엄마가 아닌 고모할머니 부부에게 맡겨졌고 그들의 사랑을 받고 건강하게 성장합니다. 평범하지만 자존감 있는 사람으로 성장한 클로뎃은 수업 시간에 문학과 역사에 대해 배우고 토론하면서 말도 안 되는 현실에 분노를 느낍니다. 특히 클로뎃의 마음을 아프게 한 것은 친구들의 태도였습니다. 친구들은 스스로를 깎아내리며 아무렇지 않게 서로를 '멍청한 검둥이'라고 불렀어요. 스스로를 비하하는 말을 쓰고 늘 자기 머릿결과 피부색에 불만을 터뜨렸습니다. 흰 피부와 곧은 머리카락을 부러워하며 곱슬곱슬한 머리카락을 전기 빗으로 펴느라 몇 시간을 허비하면서 백인처럼 되기를 원했습니다. 그런 모습들을 보면서 클로뎃은 행동하기로 마음먹습니다. 화만 내는데도 지쳤고 정의를 무작정 바라기만 하는데도 지쳤던 것입니다. 법정에서 클로뎃은 흑인 지도자 못지않은 용기를 보여주었습니다. 판사가 클로뎃에게 마틴 루터 킹 목사의 지시를 받은 게 아니냐고 계속 캐묻자 분명하게 말합니다. "우리 지도자는 우리 자신이에요. 우리 모두는 스스로를 대변해요"라고 말이지요.

[*]차별 없는 세상을 만드는 일은 우리 모두의 몫이다.

우리에게 지금 필요한 것, 인권 감수성

인종 분리 정책은 분명히 인종 차별이었고, 이는 인권을 무시하는 일이었습니다. 인간은 누구나 인간이라는 사실만으로 존중받을 권리가 있습니다. 피부색이나 직업, 경제력 등으로 무시당하거나 무시해서는 안 됩니다. 우리 사회에서도 다른 나라, 다른 민족을 여러 이유로 가르고 편견을 갖고 대하는 경우가 많습니다. 중국인은 어떻다, 일본인은 어떻다, 이슬람은 어떻다 등 근거 없는 말들이 서로를 분리시키고 갈등과 미움을 낳습니다. 때로는 이런 갈등이 테러나 전쟁으로까지 이어질 수 있습니다.

인권 존중은 법으로도 명시되어 있습니다. 대한민국 헌법 제10조에는 "모든 국민은 인간으로서의 존엄과 가치를 가지며, 행복을 추구할 권리를 가진다"고 명시되어 있으며, 헌법 제11조에도 "모든 국민은 법 앞에 평등하다. 누구든지 성별·종교 또는 사회적 신분에 의하여 정치적·경제적·사회적·문화적 생활의 모든 영역에 있어서 차별을 받지 아니한다"라고 나와 있습니다.

인종이나 민족에 대한 편견만 있을까요? 개그 프로에서 살이 많이 찐 여성을 웃음거리로 만드는 것이나, 특정 직업을 모욕하는 발언을 하는 것도 인권을 무시하는 것입니다. 보통 헬스클럽이나 다이어트 업체, 성형외과 등에서 살이 찐 여성의 사진을 내세워서 광고합니다. 이는 살이 찐 여성을 비정상적인 사람이라고 여기도록 인식하게 만들어 이윤을 얻으려 하는 것으로, 인권을 무시하는 행동입니다. 몽고메리 시의 인종 분리 정책처럼 말이지요.

우리는 너무나 익숙하게 보아온 것들에 길들여져 있어서 그것이 인권을 무시하는 행위임을 모를 때가 많습니다. "당신이 사는 곳이 당신이 누구인지 말해줍니다"와 같은 아파트 광고 문구도 그렇습니다. 다른 제품과 차별화시켜서 물건을 팔려는 게 광고의 목적이긴 하지만 이런 문구를 아무 생각 없이 수용하다 보면 어느 순간 그런 차별적 사고에 익숙해져버릴 수도 있습니다. 따라서 인권에 대한 감수성을 기르려면 먼저 인권에 대한 책을 읽고 토론하는 시간을 자주 가져야 할 것입니다.

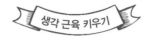
1. 1955년 몽고메리 시의 버스 승차 거부 운동을 주도한 마틴 루터 킹 목사는 미국 흑인 민권 운동의 상징적 인물입니다. 그가 1963년 노예 해방 100주년을 맞이하여 워싱턴 링컨 기념관 앞에서 했던 "나에게는 꿈이 있습니다"라는 제목의 연설은 많은 사람들에게 깊은 울림을 던져주었습니다. 아래에 소개한 일부를 읽어보고 그 의미를 생각한 후 댓글을 달아보세요.

"나에게는 꿈이 있습니다. 언젠가 이 나라가 모든 인간은 평등하게 태어났다는 것을 자명한 진실로 받아들이고, 그 진정한 의미를 신조로 살아가게 되는 날이 오리라는 꿈입니다. 나에게는 꿈이 있습니다. 나의 네 자녀들이 피부색이 아니라 인격에 따라 평가받는 그런 나라에 살게 되는 날이 오리라는 꿈입니다."

....>

도움말) 미국에서 흑인들이 경찰의 총격으로 사망한 사건이 있은 후 미국 전역에서 인종 차별과 공권력 남용을 비난하는 시위가 이어졌습니다. 그러던 중 시위대에서 경찰관을 향해 총격을 가해 경찰관 5명이 목숨을 잃었습니다. 흑백 갈등이 여전한 미국에서 마틴 루터 킹 목사의 연설은 단지 꿈에 불과할까요? 끊이지 않고 있는 인종 갈등을 어떻게 해소할 수 있을지 생각해보세요.

2. 통계에 따르면, 서울시 학교 가운데 학생 수가 300명이 안 되는 작
은 학교는 모두 여섯 곳이라고 합니다. 그런데 이런 작은 학교들의
위치를 조사해봤더니 하나같이 임대 아파트나 임대 단지 바로 옆에
위치한 학교들이었습니다. 많은 학부모들이 위장 전입을 하여 자녀
를 다른 학교에 입학시켰기 때문입니다. 그 이유는 임대 아파트에
사는 아이들과 같이 공부하는 게 싫어서라고 합니다. 일부 부모들
이 자녀에게 임대 아파트에 사는 아이들과 놀지 말라고 하면서 아
이들 사이에 벽을 만들고 있는 것입니다. 이것은 왜 인권을 무시하
는 행동에 해당할까요? 임대 아파트 아이들과 못 놀게 하는 부모들
에게 어떤 말을 해야 할까요?

·····〉

도움말) 가난한 아이와 어울리지 못하게 하는 것은 『열다섯 살의 용기』에 나온
것처럼 흑인과 놀지 못하게 했던 백인 부모들의 행동과 다를 게 없습니다. 가
난한 아이를 무시하고 차별하는 일입니다. 이런 행동이 사회에 어떤 영향을 미
칠지 생각해보고 이에 대한 대책도 생각해보세요.

					친	구	의		글					

이 책은 불과 열다섯 살의 여자아이, 클로뎃 콜빈이 잘못된 법에 저항한 이야기이다. 미국 나이로 하면 나도 열다섯이니까 나와 같은 나이이다. 책을 읽는 내내 나도 콜빈처럼 화가 나고 불편했다. 1950년 대 미국 몽고메리에서는 흑인과 백인은 같은 자리에 앉을 수 없었다. 어쩌다가 자리에 앉는 것까지 법으로 정해두었을까? 내가 그때 살았다면 그런 정책에 따랐을까? 아마 내가 백인이었다 해도 따르지 않았을 것 같다. 너무 이상한 법이니까. 단지 피부색이 다르다는 이유로 함께 앉을 수 없게 하는 건 이해할 수 없는 일이다.

그런데 더 이해하기 힘든 것은 흑인들이었다. 흑인 아이들은 피부가 백인처럼 희지 않다고 불평하고 아침마다 머리를 펴려고 했다. 심지어 콜빈이 버스에서 용감하게 자리 양보를 거부했을 때도 처음에는 그녀를 대단하다고 치켜세우지만, 나중에는 그녀가 그냥 버스에서 반항하지 않고 내렸어야 한다고 말하면서 콜빈을 놀리기까지 한다. 나는 그들의 행동이 처음엔 이해하기 어려웠지만 가만히 생각해보니 그럴 수도 있겠다는 생각이 들었다. 사람들은 강자에게 눌리고 무시당하면서도 한편으론 강자를 우러러보는 심리가 있는 것 같다. 그리고 잘못된 법이라도 계속 지키라고 하면 지키게 된다. 사람들은 누군가 말썽을 일으키는 것을 싫어한다. 그냥 시킨 대로 사는 게 편하다고 생각한다.

콜빈은 임신을 하고 아이를 낳았다. 한 번의 실수 때문이었다. 이로 인해 콜빈은 고등학교에서 퇴학당하지만, 성을 바꿔서 다른 고등학교에 입학한다. 그리고 졸업 후에 원래 살던 도시로 돌아와서 흑인 민권 운동에 참여한다. 연방대법원 판사들 앞에서 용감하게 증언했고 얼마 후 연방대법원은 버스 분리법은 위법이라고 선언하게 된다. 하지만 콜빈은 어리다는 이유로 흑인 운동 단체로부터 주목을 받지 못했다. 그래도 이제라도 책으로 나와 많은 사람들에게 용기를 주어서 기쁘다. 지금 내게 필요한 용기는 무엇일까?

_장현용 (성남중학교 3학년)

05

잠재적
테러 희생자

"역사는 조용하게 살고 싶은 사람들 생각은

눈곱만큼도 하지 않으며

어떨 땐 지나가는 곳마다

모든 걸 부수면서 나아가지."

『가자에 띄운 편지』

발레리 제나티 지음, 이선주 옮김, 바람의아이들

2003년 9월 9일 예루살렘의 한 카페에서 일이난 테러 사건을 계기로 쓰어진 책. 저자 발레리 제나티는 이스라엘 소녀 탈과 팔레스타인 청년 나임이란 인물을 설정하고 이들 이 주고받는 편지 형식의 글을 통해 분쟁 지역의 생생한 삶의 모습을 담아냈다.

내가 만약 그 자리에 있었다면

근래 들어 뉴스를 보기가 겁이 날 정도로 끔찍한 테러가 연이어 일어나고 있습니다. 미국 플로리다 주 올랜도에서 IS* 추종자가 총기를 난사해 아까운 목숨들이 희생된 지 얼마 지나지 않아 프랑스 혁명 기념일(바스티유의 날)에 프랑스 남부 해안 도시 니스에서도 테러가 일어나 많은 사람들이 죽거나 다쳤습니다. 터키 이스탄불과 중국 상하이, 독일에서도 연이어 테러가 일어났습니다. 정말이지 지구촌 곳곳이 테러와 전쟁의 공포에 시달리고 있습니다. 이런 와중에 우리나라는 북핵 위기로 인해 가뜩이나 강대국들 사이에서 늘 긴장 상태인 한반도에 다시 전쟁의 회오리가 불어닥치는 것은 아닌지 불안해하는 분위기입니다.

『가자에 띄운 편지』는 흔히 중동의 화약고라 불리는 이스라엘과 팔레스타인을 배경으로 한 소설입니다. 이야기는 2003년 9월 9일에 이스라엘 예루살렘에서 실제로 일어난 테러에서부터 시작됩니다. 예루살렘에 사는 17세 소녀 탈은 어느 날 자기 집 근처 카페에서 테러가 일어났다는 충격적인 소식을 듣습니다. 폭발은 집의 창문이 흔들릴 만큼 가까이에서 일어났습니다. 테러리스트는 카페

---

* Islamic State의 약자. 알카에다 이라크 지부 중 일부가 시리아에 거점을 정하고 2014년 이슬람 국가IS 건설을 선포했다.

유대교, 이슬람교, 기독교, 3개 종교의 성지가 밀집한 템플 마운트.
좌측 성벽 일부가 통곡의 벽이고, 중앙이 바위 돔 사원, 하단이 알 아크사 사원이다.

안에서 자폭했고 여섯 구의 시신이 발견되었습니다. 죽은 사람 중에는 스무 살밖에 안 된 어린 신부도 있었습니다. 결혼식을 올리기 몇 시간 전 그 신부는 아빠와 함께 세상을 떠난 것입니다.

스무 살밖에 안 된 신부, 탈보다 겨우 세 살 많은 그 신부의 죽음 앞에서 17세 소녀 탈은 죽음에 대해 생각합니다. 테러리스트가 마음만 먹으면 순식간에 피투성이가 되고 말 자신의 육신을 바라보며 자신이 어떤 존재인지 물어봅니다. 대체 무엇이 한 사람의 죽음을 다른 이의 죽음과 다르게 만드는 것일까? 그 카페는 탈도 자주 가는 곳이었습니다. 자신이 만약 그날 그 카페에 갔다면 어떻게 되었을까? 탈은 자신을 포함한 이스라엘에 살고 있는 모든 사람들이 잠재적인 희생자라는 사실이 정말 두렵고 떨렸습니다.

탈은 그날 글을 씁니다. 문득 '저쪽의 누군가가 내 글을 읽어야 해'라는 생각이 든 것입니다. 저쪽이라면 팔레스타인 가자 지구˙에 살고 있을 누군가이지요. 탈은 무작정 '이름 모를 너에게'로 시작하는 편지를 씁니다. 자신의 생각을 미지의 팔레스타인 친구에게 알리고 싶었던 것입니다.

"너도 물론 알고 있을 테지만, 테러가 있을 때마다 여기 사람들은 어떻게 팔레스타인 사람들은 무고한 생명들을 그렇게 죽일 수

˙ 팔레스타인 남서부 지역. 1994년 이스라엘과 팔레스타인해방기구 간에 잠정적 자치 지역으로 정했다.

있냐고 되묻곤 해. (중략) 운 좋게도 이 편지가 너에게 발견되어서 네가 이 글을 끝까지 읽게 된다면, 그리고 너도 나처럼 우리들이 서로를 알아야 할 수천 가지 이유가 있고 무엇보다도 우린 젊으니까 평화 속에서 우리의 삶을 꾸려나가야 한다고 생각한다면, 답장해줘."

민족을 통째로 등에 지고 살아가는 젊은이들

유리병 속에 넣어 가자 지구 앞바다에 띄운 이 편지는 놀랍게도 팔레스타인 청년 나임의 손에 들어갑니다. 아이디가 가자맨이라는 스무 살 청년이었습니다. 그리고 두 젊은이는 이메일로 각자의 생각과 일상을 주고받지요. 나임이 보낸 편지 가운데 이런 내용이 있습니다.

"(가자에선) '나, 너, 그' 하는 식의 단수는 존재하지도 않고, 그냥 '팔레스타인 사람들'이라는 복수만 있는 거지. 불쌍한 팔레스타인 사람들, 아니면 나쁜 팔레스타인 사람들 하는 식으로 경우에 따라서 바뀌기만 할 뿐 바로 그 복수만 늘 존재하는 거지. (중략) 우리는 절대로 '하나+하나+하나'가 아니라 늘 400만인 거야. 사람들은 민족을 통째로 등에 지고서 살아가는 것이고. 무거워."

나라를 잃고 복수와 증오를 맹세하는 것이 일상이 되어버린 팔레스타인 젊은이의 슬픔이 절절히 느껴지는 부분입니다.

이에 대해 탈은 이렇게 답장을 씁니다. "너는 네 나라에서, 나는 내 나라에서 평화롭게 살 수 있도록 하는 요술 주문을 알아낼 수 있다면 얼마나 좋을까! (중략) 역사가 인정사정없다는 건 나도 알아. 역사는 조용하게 살고 싶은 사람들 생각은 눈곱만큼도 하지 않으며, 어떨 땐 지나가는 곳마다 모든 걸 부수면서 나아가지."

이스라엘과 팔레스타인은 왜 이렇게 끊임없이 비극적인 싸움을 하고 있는 것일까요? 이 지역은 오랫동안 팔레스타인 사람들이 농사와 유목을 하며 평화롭게 지내던 곳이었습니다. 그런데 이곳에 유대인들이 하나둘 이주해오기 시작하면서 평화가 깨지기 시작합니다. 유대인들은 1917년 밸푸어 선언에 따라 이 지역으로 들어오기 시작한 것입니다. 당시 팔레스타인은 영국의 지배를 받고 있었는데 영국 외무장관 밸푸어Balfour. A. J가 유대인들에게 1차 세계대전에 협력한 대가로 팔레스타인에 나라를 세우게 해준다고 약속을 했습니다. 팔레스타인 사람들에게는 물어보지도 않고 말이지요. 이후 유대인들과 팔레스타인 사람들은 충돌하게 되었고, 유대인들은 1948년 이스라엘 건국을 선언합니다.

유대인들은 자신들이 3,000년 전에 가장 먼저 예루살렘에서 살았으며, 성서에도 하나님이 자신들에게 주기로 약속한 땅이라고 쓰여 있다고 주장합니다. 나라 없이 떠돌면서 많은 설움을 당했던 유대인들에게 국가 건설은 절실한 문제였겠지요. 알다시피 유대인

©연합뉴스

2017년 밸푸어 선언 100년을 맞아 항의 집회를 연 팔레스타인 시민들의 모습.

들은 2차 세계대전 때 히틀러에게 대학살을 당한 아픔이 있습니다. 19세기 후반부터 유대인들 사이에서는 선조의 땅으로 돌아가자는 목소리가 높아졌는데, 이 운동을 '시오니즘Zionism'이라고 합니다. 시온은 유대인들이 약속받은 땅을 뜻합니다.

하지만 나라를 빼앗긴 팔레스타인 사람들의 입장은 어떨까요? 화가 난 팔레스타인은 이웃 나라들과 아랍 연합국을 결성하여 이스라엘을 공격합니다. 아랍 연합국은 이스라엘과 여섯 차례나 전쟁을 벌이지만 미국의 무기 원조를 받은 이스라엘에 번번이 패하고 말았습니다. 몇 차례 전쟁으로 인해 팔레스타인 사람들은 난민이 되어 주변 나라들로 쫓겨나 흩어졌고 일부는 팔레스타인해방기구PLO 같은 저항 단체를 만들어 무장 시위를 시작합니다.

1993년 미국의 중재하에 이스라엘과 팔레스타인은 극적으로 화해를 한 적도 있었습니다. 서로를 인정하고 평화롭게 지내기로 한 것이지요. 하지만 평화는 오래가지 않아 깨졌고 두 나라는 지금까지 언제 끝날지 모를 분쟁 속에 있습니다. 너무 오래 다투다 보면 잘잘못을 따지는 것 자체가 무의미해져버리는 것처럼 지금 이스라엘과 팔레스타인은 평화를 위한 실타래를 어디서부터 풀어가야 할지 막막한 상태가 되어버렸습니다.

편 가르기에서 벗어날 것

이 책은 실화가 아닌 소설입니다. 어디까지나 저자의 희망을 이야기하고 있지요. 저자는 "인터넷 덕분에 우리는 언제 어디서든 손쉽게 정보를 얻을 수 있는 세상에서 살아가고 있습니다. (중략) 하지만 '좋은 사람'과 '나쁜 사람'이라는 이분법적인 구분과 수많은 이미지들의 이면에 있는 인간의 현실에 대해서 정작 우리는 전혀 모르고 있거나 아주 조금밖에 알지 못하는 게 사실입니다"라고 적고 있습니다.

저자의 말대로 좋은 사람, 나쁜 사람으로 가르는 것, 또 서로를 잘 모르면서 미움을 쌓는 것이 결국 평화를 해치는 원인입니다. 이 소설이 보여주는 것처럼 평화롭게 살려면 서로 자주 만나서 처지를 이해하고 공감하면서 함께 문제를 풀어가야 하지요. 그런데 평화를 위한다고 하면서 미움과 증오를 키우는 경우가 많습니다. 가끔 이웃 나라 일본이나 중국을 덮어놓고 심하게 비하하고 욕하는 사람들이 있습니다. 우리나라가 힘센 나라가 되어 다른 나라를 응징해야 한다고 말하기도 합니다. 하지만 그런 논리는 오히려 평화를 해치는 일이 될 수 있습니다. 덮어놓고 다른 나라를 미워하고 응징하려는 태도는 자칫 전쟁을 일으키기 좋아하는 집단의 논리에 동조하는 것이 될 수 있지요. 중요한 것은 평화를 위해 실제적인 노력을 해야 한다는 것입니다. 평화를 원한다면 먼저 적이라고 생각하는 대상의 처지와 입장을 이해하려고 노력해야 합니다. 서로를 알려는 노력, 그것이 평화를 위한 첫걸음입니다.

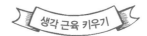

1. 이스라엘과 팔레스타인처럼 현재 남한과 북한도 서로 적으로 대치
   하고 있습니다. 만약 남한과 북한에 살고 있는 젊은이가 편지를 주
   고받는다면 어떤 이야기를 나눌까요? 『가자에 띄운 편지』 속 두 사
   람처럼 남한 쪽과 북한 쪽 청소년이 되어 짧은 상상의 편지를 써보
   세요.

남한의 ◯◯◯ :

북한의 ◯◯◯ :

도움말) 소설 속 두 젊은이가 서로의 처지를 잘 몰랐던 것처럼 남한과 북한도
서로 잘 모르고 미움과 오해만 쌓고 있는 건 아닌지 생각해봐야겠습니다. 6·25
전쟁에서부터 연평도 포격 사건, 핵 문제 등 남한과 북한 사이에 역사적으로
일어난 중요 사건들을 떠올려 의견을 말해보거나, 같은 청소년으로서 서로 궁
금해할 만한 것들을 상상해보면서 편지를 써보세요.

2. 지하철이나 버스에서 자주 볼 수 있는 모습입니다. 어떤 청년이 자리에 앉아 있습니다. 그때 할아버지 한 분이 "요새 젊은이는 위아래도 없나?" 하면서 청년을 나무랍니다. 그런데 청년은 그 말을 듣고도 꼼짝하지 않습니다. 할아버지는 언성이 더 높아집니다. "아니, 어른에게 자리를 양보하라고 배우지도 않았단 말이야?" 그러자 청년이 "저한테 그것을 강요할 권리는 없습니다"라고 대꾸합니다. 여러분은 할아버지와 청년의 행동에 대해 어떻게 생각하나요?

····>

도움말) 저자는 좋은 사람, 나쁜 사람으로 가르는 이분법적 사고가 평화와 소통을 해치는 것이라고 말합니다. 연로한 분에게 자리를 양보하는 것은 미덕이지만 청년에게 무례한 태도로 자리 양보를 요구한 할아버지의 행동은 문제가 없을까요? 할아버지의 요구를 거절한 청년은 비난받아야 하는지, 혹은 일리가 있는 행동인지 토론해보세요. 두 사람이 어떻게 소통해야 좋을지도 생각해보세요.

				친	구	의		글					

이 소설의 주제는 갈등이다. 소설 속에 국가 갈등, 민족 갈등, 영토 갈등이 잘 나타나 있다. 이스라엘은 1948년에 세워진 나라이다. 문제는 이스라엘이 빈 땅에 건국의 깃발을 꽂은 게 아니라는 점이다. 그곳에는 엄연히 사람들이 살고 있었다. 팔레스타인 사람들 말이다. 그런데 어느 날 유대인들이 들어와 땅을 빼앗고 쫓아냈다. 다른 사람한테 사과 한 개를 빼앗겨도 속이 상한데 졸지에 살던 땅을 빼앗겼으니 얼마나 기가 막혔을까? 유대인들은 3,000년 전에 자기 조상들이 살던 땅이고 하나님이 준 땅이라고 주장하지만 내가 보기엔 억지 주장 같다. 물론 그동안 유대인들도 따돌림을 당하며 힘들게 살았다. 독일의 히틀러에 의해 600만 명이 학살을 당하기도 했다.

그렇다 해도 유대인들이 남의 땅을 빼앗고 나라를 세운 것을 잘했다고 볼 수 없다. 내가 당했다고 해서 다른 사람의 것을 맘대로 가져갈 권리는 없는 것이다. 하지만 이제 와서 어떻게 할 것인가. 두 민족이 끝없이 증오하고 싸우면서 살 것인가. 이 소설이 해답을 준다고 생각한다. 팔레스타인에서 사는 청년 나임과 이스라엘 소녀 탈이 나누는 편지 속에는 서로의 아픔과 입장이 나타나 있다. 바로 그것이다. 만나서 이야기를 나누고 서로 화해와 협상을 해야 한다. 평화 협상을 계속해나가야 한다. 평화를 위한 협상이 결코 쉽지는 않을 것이다. 그동안 쌓인 원한과 상처가 크기 때문에 평화가 오기까지는 시간이 걸릴 것이다.

　책을 읽으면서 계속 우리나라를 생각했다. 우리도 남북한이 싸우고 대립하고 있다. 내가 북한에 살고 있는 어떤 소녀와 편지를 주고받는다면 무슨 말을 할까? 나는 북한의 소녀가 무슨 생각을 하며 사는지, 남한에 대해 어떻게 생각하는지를 알고 싶다.

_조성민(영남중학교 3학년)

카리스마 있는 남자
vs. 기가 센 여자

"일단 깨어나기 시작한 여성들을

뒤로 돌아가게 할 수 있는 힘은

어디에도 없습니다."

『세상의 절반, 여성 이야기』
우리교육 출판부 엮음, 김혜연 그림, 우리교육

가정, 학교, 사회에서 여성이 겪는 성차별은 물론, 문학과 대중 매체 속의 남녀 차별 이데
올로기를 보여주는 책. 여성과 남성 모두가 동등한 삶을 살아가기 위한 방법을 모색한다.

성차별부터 혐오 범죄까지

"그렇게 안 봤는데 천생 여자네."

"여자분치고는 잘하시네요."

"○○씨는 너무 똑똑해서 시집가기 힘들겠어."

언뜻 봐서는 칭찬 같지만 기분이 썩 좋지는 않습니다. 일상 안에서 무심코 쓰는 이런 말들이 여성에 대한 잘못된 고정 관념을 심어주고 양성평등을 해치는 성차별적 언어라는 것을 의식하지 못하는 사람이 꽤 많지요. 물론 일부러 여성을 기분 나쁘게 하려고 이런 말을 하는 사람은 거의 없을 것입니다. 어려서부터 자기도 모르게 관습적으로 형성된 의식 탓이지요. 국제앰네스티 한국지부와 문화 웹 매거진 아이즈는 여성 인식 개선 공동 캠페인을 통해 칭찬과 호의를 가장한 여성 차별과 폭력의 언어를 알려주고 우리 모두 경각심을 갖도록 촉구했습니다. 차별을 깨기 위한 첫걸음은 차별이 무엇인지 제대로 파악하는 것이기 때문이지요.

그런가 하면 인터넷 커뮤니티 '여성시대'가 만든 지하철 광고가 화제가 된 적이 있지요. 똑같은 상황에서 남성과 여성을 바라보는 표현의 차이, 즉 남성에게는 "예리해", "끈기 있어", "카리스마" 같은 긍정적 표현을, 여성에게는 "예민해", "집착해", "기가 세" 같은 부정적 표현을 쓴다는 점을 지적하며 사람들의 성차별 의식을 꼬집고 각성을 촉구했습니다. 또 "여성의 시간당 임금은 남성의

*인터넷 커뮤니티 '여성시대'의 지하철 광고 캠페인.

63.6%, 당신은 여자란 이유로 오후 3시부터 무급으로 일하셨습니다"라는 광고 문구는 우리나라 남녀 간 임금 격차의 현실을 알려주고 있습니다.

여성에 대한 성차별이나 폭력 등 여성 인권 문제는 그동안 꾸준히 논의되어왔습니다. 그런데 최근 들어 사회적 관심사로 떠오른 것은 2016년 5월 17일 강남역 근처에서 일어난 살인 사건이 계기가 되었습니다. 범인이 여성을 표적으로 삼았다는 사실 때문에 많은 여성들이 자신도 그런 일을 당할 수 있었다는 사실에 공포감을 느꼈습니다. "나는 우연히 살아남았다." 살해된 여성을 추모하면서 사람들이 써놓은 글입니다. 범인은 경찰에 "여자들이 나를 무시해서 그랬다"고 말했다고 합니다. 하지만 경찰은 여성 혐오 범죄(증오 범죄)가 아니라 평소 조현병을 앓아온 범인의 '묻지마 살인'으로 결론을 내렸습니다.

《한겨레신문》 사설(2016년 5월 24일자)에서는 이 사건을 우리 사회에 만연한 여성 차별의 위험한 변종이라고 평했습니다. 20, 30대 젊은 여성들은 더 이상 가부장적 질서와 성차별을 당연한 일로 여기지 않게 된 데 반해, 같은 세대 남성들의 양성평등에 대한 인식은 그 앞 세대와 크게 달라지지 않았다는 사실을 지적합니다. 여기에 갈수록 치열해지는 경쟁 사회의 압력과 그로 인한 남성들의 분노와 열패감이 엉뚱하게 여성에게 전가되어 여성을 적대하고 경멸하는 여성 혐오로 변질되었다고도 말합니다.

달라진 세상에서도 성차별은 여전한 현실

이번에 소개할 『세상의 절반, 여성 이야기』는 책 표지에 나온 대로 '성차별 깨뜨리기'가 주제입니다. 이 책은 노골적이고 혹독했던 여성 차별의 과거사부터 현대 사회의 여성 차별 문제에 이르기까지 다양한 사례와 목소리를 담고 있습니다. 1993년에 초판을 출간한 후 2010년에 개정판을 내었습니다. 저자는 책머리에서 20년이 흐르는 동안 호주제* 폐지와 같은 제도의 변화도 있었고, 남아 선호 사상이 확연히 옅어졌으며, 가정, 학교, 직장 등 사회생활의 모든 국면에서 양성평등의 분위기가 자리 잡아가고 있는 등 많은 부분에서 진전이 있었다고 말합니다.

하지만 이전에는 없었던 새로운 고통이 여성을 괴롭히고 있다고 말합니다. 여성을 집 밖으로 끌어내 사회 노동을 하도록 하면서, 집안일은 여전히 여성의 몫이라는 것, 또 여성을 상품화하여 돈벌이 도구로 사용하고 있음을 지적합니다. 외모 지상주의나 성 상품화 현상이 노골화되면서 아름다운 여성만이 선택받을 수 있다는 의식이 일반화되고, 여성들의 성형을 조장함으로써 여성을 더욱 괴롭히는 결과를 낳고 있다는 점도 꼬집고 있습니다.

● 한 집안의 대표를 아버지에서 아들, 미혼의 딸, 부인, 어머니, 며느리 순으로 승계하던 제도. 2005년에 폐지되었다.

한편, 노동 시장에서 여성이 남성에 비해 낮은 임금을 받고 있는 문제도 말합니다. 여성의 임금이 낮은 데는 여러 이유가 있겠지만, 일반적으로 여성을 대하는 인식에서 비롯된다고 볼 수 있습니다. 미혼 여성은 출산과 양육이라는 여성의 '고유하고 본질적인' 노동을 수행하기 위해 언제든 직장을 그만둘 수 있는 존재라는 생각이 밑바탕에 깔려 있는 것이지요. 그러다 보니 얼마든지 싸게 부려 먹어도 되는 존재로 취급받기 쉽습니다. 이런 이유로 결혼 후 출산한 여성 노동자는 업무 배정이나 승진 기회에서 차별을 받는가 하면, 회사가 어려울 때 가장 먼저 해고 대상자가 되기도 합니다.

게다가 우리나라 여성들의 일자리는 매우 열악합니다. 2009년에 나온 통계청 자료에 따르면, 남성은 정규직이 58.2퍼센트인 반면 여성은 34.4퍼센트였습니다. 비정규직의 경우, 남성은 저연령층(20대 초반 이하)과 고령층(50대 후반 이상)에서 많지만, 여성은 20대 후반과 30대 초반을 제외한 전 연령층에서 많았습니다. 이는 여성이 결혼 후 출산과 육아로 인해 휴직했다가 다시 일자리를 구할 경우 대부분 비정규직으로 취업을 하는 현실을 보여주고 있는 것이지요.

물론 법관, 의사, 교수, 외교관 등 전문 직업군에서 여성이 차지하는 비율이 눈에 띄게 높아졌고, 국회의원, 전문 경영인 등 사회적 영향력이 큰 여성들도 늘어나는 추세입니다. 그러나 이는 아주 미미한 정도인 데다가 이런 현상의 반대 축에는 여성 노동의 빈곤

여성들의 사회 진출은 활발해졌지만,
육아와 가사 노동은 여전히 여성들이 감당하는 경우가 허다하다.

화라는 어두운 현실이 도사리고 있습니다. 여성이 일하고 싶어 하는 이유는 자아실현이나 보람된 삶을 살고자 하는 의지도 있겠지만 대부분은 가계 소득을 높이기 위해서입니다. 남편의 수입만으로는 먹고살 수가 없어서 식당 종업원 등 장시간 임시직에 근무하는 것이 우리나라 기혼 여성들의 전형적인 맞벌이 형태입니다.

이런 열악한 노동 환경 속에서 일하는 여성들을 더욱 힘들게 하는 것은 육아와 가사 노동입니다. 한 결혼 정보 회사에서 조사한 바에 따르면, 남자들의 81퍼센트가 맞벌이를 희망한다고 합니다. 돈 잘 버는 여성, 안정된 직업을 가진 여성을 좋은 배우자로 여긴다는 것이지요. 하지만 이런 바람에 비해 우리나라 남자들의 가사 분담은 매우 소극적입니다. 일하는 여성들은 퇴근 후와 주말에는 쌓인 집안일을 하느라 힘들지만 남편 내조, 아이 뒷바라지를 전업주부만큼 살뜰히 하지 못한다는 죄책감을 느끼며 사는 것입니다.

일하는 여성을 위한 사회 제도 개선이 시급하다

『82년생 김지영』이라는 소설이 베스트셀러에 오르며 사회적으로도 큰 화제가 되었지요. 대한민국에서 여성으로 살아가면서 겪는 성차별적 사연들을 사실적으로 묘사하여 수많은 사람들의 공감을 불러일으켰습니다. 이 소설을 쓴 조남주 작가는 '맘충'이라는 용어를 듣는 순간 충격을 받고 집필을 결심했다고 합니다. 엄마를 뜻하는 맘Mom과 벌레를 뜻하는 충蟲의 합성어인 맘충은, 원래는 제 아이만 싸고도는 일부 몰상식한 엄마를 가리키는 말이었는데, 어느 사이 어린아이를 키우는 대부분의 엄마들에게 무차별적으로 사용되고 있었던 것입니다. 가뜩이나 일과 육아를 병행하느라 지친 워킹맘들에게 이런 사회적 시선은 충격을 안겨주는 일이 아닐 수 없겠지요.

어떻게 하면 여성들이 일과 가정, 일과 양육의 조화를 이룰 수 있을까요? 『세상의 절반, 여성 이야기』에서도 언급하고 있듯이, 일하는 여성이 행복해지려면 사회적 제도 개선이 필수입니다. 여성의 노동권을 보호하는 정책과 제도가 다양한 차원에서 마련되어야 하는 것이지요. 출산한 여성이 마음 놓고 일할 수 있도록 공공 보육 시설을 확충하고, 육아 휴직 급여를 상향 조정하며, 아동 수당을 신설하는 등의 노력이 절실하다고 저자는 강조합니다.

1. 국제앰네스티 한국지부와 웹 매거진 아이즈의 여성 인식 개선 캠페
인에서 제시한 성차별적 언어를 읽고, 이에 대응하는 답글을 써보
세요. 자신의 경험이나 의견을 적어보아도 좋고, 남성의 입장에서
생각해보고 적어보아도 됩니다.

- "그렇게 안 봤는데 천생 여자네."

  ┈┈> 그냥 계속 안 봤으면 합니다.

- "여자분치고는 잘하시네요."

  ┈┈> '여자' 대신 사람을 넣고 말이 되나 봅시다.

- "○○씨는 너무 똑똑해서 시집가기 힘들겠어."

  ┈┈> 누가 힘듭니까?

- 넌 다른 여자들이랑 달라서 좋아.

  ┈┈>

- 나는 예쁘기만 한 여자보다 너처럼 개념 있는 여자가 좋아.

  ┈┈>

- 이렇게 몸매가 좋은데 왜 숨기고 다녔어?

····>

- 자취하니까 남자들한테 인기 많겠어요.

····>

- 여자분들만 계셔서 그런지 여기는 아주 꽃밭이네.

····>

- 예쁜 공주님이 왜 힘들게 밖에 나가서 돈을 벌어?

····>

- ○○씨는 인물이 빠지는 것도 아니고 어디가 모자란 것도 아닌데 왜 결혼을 못해?

····>

도움말) 먼저 말 속에 담긴 성차별적 요소가 무엇인지 살펴보고 그것이 왜 문제가 되는지 토론해보세요. 한편, 남성에 대한 고정 관념 또는 남성을 비하하거나 왜곡된 시각으로 보는 말들도 찾아보세요. '여자답다', '남자답다'라는 말 속에 담긴 긍정적 요소와 성차별적 요소는 무엇인지도 찾아서 이야기 나눠보면 좋겠습니다.

2. 이 책의 저자는 문학 작품이나 대중 매체 속에 성차별이나 여성에 대한 고정 관념을 심어주는 여자 주인공이 많다고 지적합니다. 예를 들어, 〈신데렐라〉 같은 옛이야기는 억압당하는 사람들에게 '당신들도 대들지 않고 참고 기다리다 보면 신데렐라처럼 행복해질 것이다'라고 가르치고 있다는 것이지요. 그렇다면 그림 형제의 옛이야기로 널리 알려진 〈빨간 모자 이야기〉를 "빨간 모자 소녀, 지혜를 써서 늑대를 물리치다"라는 제목으로 바꾸고 이야기를 지어보세요.

····>

도움말) 비교적 최근에 지어진 동화들, 예를 들어 루이스 캐럴이 지은 『이상한 나라의 앨리스』, 아스트리드 린드그렌의 『내 이름은 삐삐 롱스타킹』, 루시 모드 몽고메리의 『빨간 머리 앤』 등의 작품에는 개성적이고 씩씩한 여자 캐릭터가 등장합니다. 그림 형제 동화집의 〈빨간 모자 이야기〉는 원래 17세기 프랑스 민담으로, 소녀가 늑대에게 잡혔다가 지혜롭게 도망치는 이야기라고 합니다. 나중에 여러 작가들의 손을 거치면서 변형된 것이지요. 빨간 모자 소녀가 어떻게 늑대로부터 자신을 보호할지 상상하여 글로 써보세요. 또 빨간 모자 이야기의 문제점을 지적하는 글을 쓰는 것도 좋겠지요.

┌─────────────────────────────────────┐
│ │ │ │ │ │ 친 │ 구 │ 의 │ │ 글 │ │ │ │ │
└─────────────────────────────────────┘

이 책을 통해 그동안 알지 못했던, 특별히 인지하지 못했던 성차별에 관한 내용을 많이 알 수 있었다. 나는 평소 가정 안에서 성차별을 당했거나 억울하다고 느낀 적이 별로 없었다. 여자중학교여서 그런지 성차별이 피부로 다가온 적도 거의 없다. 하지만 책을 읽으면서 미처 몰랐던 점들을 확연히 알 수 있었고 깨달음을 얻었다. 책에서 알게 된 놀라운 사실 중 하나는, 현재 이 사회에서 이뤄지고 있는 성차별이 고려시대보다 조선시대에 더 많았다는 점이다. 더구나 조선시대 때 가졌던 여성에 대한 생각들이 지금까지 이어지고 있다는 것도 놀라웠다. 조선시대 유교 사상의 영향이라고 하는데, 유교의 어떤 점이 여성을 억압하고 차별하게 했는지 궁금하다. 어떤 철학이나 사상이든 사람을 무시하고 차별하는 것은 문제가 있다고 생각한다.

현재 내가 진로를 결정하고 내 삶을 꿈꿀 때, 가장 걸림돌이 될 거라 생각하는 것은 다름 아닌 결혼과 육아이다. 오늘날의 여성들은 자신이 원하는 직업을 얻고 돈을 벌며 자신만의 경제력을 키울 수 있다. 하지만 임신을 하게 되면 승진 대상에서 제외되는 것은 물론이며, 직장과 가정에서 인정받지 못하고 비판과 쓴소리를 듣게 되는 것이 현실이다. 아이를 낳아서 기르더라도 경제적 문제가 남아 있다. 이런 상황에서 국가에서는 아이를 더 낳으라고 홍보한다. 나는 정부와 기업이 이런 일이 없도록 법을 만들고 생각을 바꾸고 행동을 바꾸어야 한다고 생각한다.

　이 책을 내 또래 친구들에게 권해주고 싶다. 친구들이 이 책을 읽고 평소 알지 못했던 성차별을 알고 행동을 바꾸었으면 한다. 또한 세상의 절반인 여성들은 성차별에 억압되지 말고 자신감을 가져 자신의 꿈을 이루길 바란다.

_이세하 (숭의여자중학교 3학년)

07

누가
한국인입니까?

"차이를 차별로 연결하는 것은

인간 본연의 심성이 아니라

사회적으로 훈련된 행동양식이다."

『다른 게 나쁜 건 아니잖아요』
SBS 스페셜 제작팀 지음, 꿈결

SBS 스페셜에서 방영된 다문화 다큐멘터리를 엮은 책. 오해와 편견으로 가득한 다문화
가정에 대한 한국인의 인식을 생생하게 보여주고, 다문화 가정에 대한 올바른 인식과
따뜻한 시선을 갖도록 도와준다.

극우 민족주의의 부활 움직임

국제이주기구IOM에 따르면, 2016년 지중해를 건너 유럽으로 간 난민의 수가 30만 명입니다. 이 가운데 지중해를 건너다 숨진 난민은 5,000여 명에 이른다고 합니다. 난민 수송선의 정원 초과와 무리한 승선 때문이었지요. 주로 시리아와 리비아, 이라크 등 내전을 겪거나 생존이 불안한 나라의 사람들이 목숨을 걸고 유럽으로 향했습니다.

그런데 최근 유럽에서 수차례의 테러가 발생하면서 난민에 대한 시선이 동정심에서 증오심과 공포심으로 바뀌어가는 분위기입니다. 이런 가운데 독일의 메르켈 총리는 독일은 난민들에게 보금자리를 제공하는 원칙을 고수할 것이라며 난민 포용 정책을 포기하지 않겠다고 했지요. 그는 "어려움에 처한 사람들을 도우려는 우리의 열린 마음과 의지를 약화시키려 하지만, 우리는 이를 단호히 거부한다"고 말했습니다. 독일은 100만 명 이상의 난민을 수용할 만큼 유럽에서도 난민에 대해 허용적인 나라였지만, 최근 들어 테러가 빈번해지면서 일부에서는 메르켈 총리의 관대한 난민 정책에 강한 우려를 표명하는 사람들도 늘고 있습니다. 난민이나 이민자를 몰아내자고 외치는 신나치주의자가 득세하게 될 거라는 우려도 있고요.

실제로 2011년 노르웨이 오슬로에서 테러가 발생하여 76명이

목숨을 걸고 지중해를 건너는 난민들.
유럽 사회에서 새로운 갈등의 핵이 되고 있다.

목숨을 잃었는데, 범인은 극우 민족주의자였습니다. 당시 서른두 살의 백인 남성 아네르스 베링 브레이비크는 다문화주의*를 표방하고 있는 노르웨이 집권 정당인 노동당의 이민 정책에 앙심을 품고 있었습니다. 그는 이민자의 수가 점점 늘어나고 그들 대다수가 무슬림이라는 사실이 노르웨이의 미래를 어둡게 한다고 여겼고, 과거 독일의 나치가 추구했던 인종 우월의식을 갖고 있었다고 알려졌지요. 그런데 그가 범행을 저지르기 직전에 남긴 동영상 메시지에서 대한민국을 언급해 우리나라 사람들을 깜짝 놀라게 했습니다. 그는 영상에서 대한민국이 민족주의와 가부장제를 바람직하게 운영하고 있는 모범적인 국가라고 칭찬했어요. 엄청난 살인을 저지른 테러리스트가 어쩌다 우리나라를 치켜세우게 되었을까요?

단일 민족이라는 환상

『다른 게 나쁜 건 아니잖아요』에서는 다문화 시대를 살아가고 있는 우리나라의 현실을 심층적으로 파헤치고, 문제점은 무엇이며 해결책은 어떤 것이 있는지 알아보고 있습니다. 이 책은 SBS 스페

● 민족마다 다른 문화를 존중하고 인정하자는 사상이나 원칙.

셜 제작팀이 2006년과 2011년 두 번에 걸쳐 제작한 다큐멘터리를 책으로 엮은 것입니다. 우리나라에 온 이주 노동자와 귀화한 외국인, 다문화 가정의 청소년들을 직접 만나 취재하고 그들이 사는 모습과 아픔, 희망을 전달하고 있습니다.

이 책에 따르면, 우리나라 사람들의 다문화에 대한 인식은 복잡합니다. 일단 이주 외국인에 대한 시각이 피부색에 따라 다릅니다. 책 속에서 실험해본 것처럼 우리나라 사람들은 서양인, 백인에게는 넘칠 정도로 친절하지만 중국 동포나 중국인, 동남아시아 사람들은 무시하거나 잘못된 편견을 갖고 바라봅니다. 사실 이는 피부색에 대한 편견이라기보다 우리보다 못 사는 나라에서 온 사람들을 무시하는 데서 비롯된 것입니다. 어떤 이는 우리나라 사람들의 이런 태도가 조선시대의 '사대주의'와 같다고 비판합니다. 사대주의는 중국과 같은 큰 나라를 무조건 섬기고 받들던 사고방식이지요.

그런데 더 깊이 들어가면 우리 민족은 단일 민족이므로 다른 민족과 섞이는 건 싫다는 생각이 깔려 있음을 알 수 있습니다. 이것을 단일 민족 사관 혹은 순혈주의 사고라고 합니다. 이런 사고방식을 갖고 있는 사람들은 우리나라는 단일 민족으로 한겨레, 한 핏줄이라는 생각을 갖고 있어서 타민족에 대해 배타적인 면이 강합니다. 순혈주의를 지향하는 사람들에게 외국인, 다른 민족은 결코 우리 안에 들어와서는 안 되는 불순한 존재가 됩니다. 그래서

"손님으로는 환영하지만 가족으로 받아들이고 싶지는 않다"라는 것이지요.

한마디로 순혈주의는 동일한 유전자를 공유하고 있는 사람들끼리 일정한 영역을 구축하고 뭉쳐 있다는 말입니다. 이러한 생각의 바탕에는 근본적으로 나와 다른 것은 나쁜 것, 또는 적이라는 인식이 깔려 있지요. 그런데 이런 순혈주의는 기득권을 획득한 무리가 타인을 배격할 때 의식의 도구로 이용되기도 합니다. 우리 사회의 고질적인 병폐로 거론되는 학연, 지연, 혈연 등이 바로 순혈주의에서 비롯된 패거리 문화의 악습들입니다.

단일 민족 사관을 긍정적으로 본다면 민족의 자주성을 강화하

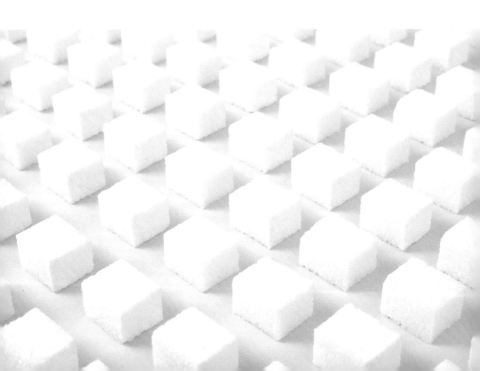

고 우리 민족의 화합과 단결을 도모하는 정신적 구심점이 되어야 할 텐데요, 실상은 그렇지 않았습니다. 민족을 내세운 순혈주의 사고가 오히려 일부 권력자들의 기득권 유지와 자신들의 이익을 지키기 위한 정치적 구호로 이용되었던 것이지요. 단일 민족 순혈주의를 지킨다면서 같은 민족인 새터민과 중국 동포(조선족), 구소련 지역의 동포(고려인)를 차별하는 것이 그 예입니다.

『다른 게 나쁜 건 아니잖아요』는 단일 민족 순혈주의 사고가 환상에 지나지 않음을 역사와 고고학적 지식을 통해 설득력 있게 알려줍니다. 여러 취재에 따르면, 한반도에는 다양한 민족들이 존재했습니다. 그동안 발굴된 여러 인골들을 분석한 결과, 이 같은 사실이 드러난 것이지요. 또 우리 민족은 고대부터 이민족에 관대했을 뿐만 아니라 주변 종족들을 적극적으로 수용하는 정책을 펼쳤습니다. 이미 오래전부터 우리나라는 다문화 국가였다고 할 수 있는 것이지요.

한국을 사랑하는 사람은 한국인이다

이 책은 다문화 사회를 걱정의 눈으로 바라보는 시각에 대해서도 언급합니다. 이주 외국인 노동자가 사회적 약자라는 이유로 불법 체류자를 보호하는 것은 문제입니다. 또 불법 체류자들이 노동

시장의 질서를 어지럽히고 내국인의 일자리를 잠식한다는 주장도 일부 타당합니다. 불법 체류자의 범죄 증가도 문제이지요.

국가는 자국민의 권익을 우선으로 해야 합니다. 내국인을 외국인과 차등하게 대우해야 하는 것은 당연한 일입니다. 따라서 외국인이 한국에서 내국인과 똑같은 사회 보장과 복지를 제공받거나, 외국인을 보호한다면서 오히려 내국인의 권리를 침해해서는 안 됩니다. 실제로 다문화 정책에 의해 역차별과 소외감을 느끼는 내국인들도 있습니다.

하지만 내국인을 우선시하는 원칙이 외국인을 차별하고 비윤리적인 일을 저지르며 인간의 존엄성을 파괴하는 기준이 되어서는 안 된다는 것이 저자들의 주장입니다. 또 지금 유럽이 이민자 문제로 사회적 갈등을 겪고 있듯이 우리나라도 앞으로 인종 간, 종교 간 분쟁이 커질 것으로 보고 다문화 정책을 비판하는 사람도 적지 않습니다. 저자들은 이 역시 비관할 게 아니라 적극적인 수용과 미래 지향적 사고로 극복해나가야 한다고 말합니다. 우리가 모두 단군을 시조로 한 단일 민족임을 자랑하고 싶다면 먼저 '홍익인간'의 가치를 더 실천해야 한다는 것이지요. '널리 인간을 이롭게 하라'는 공동체 정신을 살려, 차이를 인정하고 다양성을 즐기며 공존을 모색하는 것이 바로 홍익인간의 정신이겠지요.

이 책의 마지막에서 저자들은 이렇게 묻고 답합니다. "'누가 한국인입니까?' 한국을 사랑하는 사람은 한국인이다. 한국에 살면서 한국을 자기 나라라고 생각하는 사람은 한국인이다. 한국 사회에 봉사하고 한국인을 위해 희생하는 사람은 한국인이다. (중략) 이제 우리가 그들에게 요구했던 '민족'이라는 마지막 조건을 버려야 할 때가 왔는지도 모른다. 민족을 고집하는 순간, 수많은 '한국인'을 잃어버리기 때문이다."

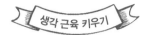
생각 근육 키우기

1. 유엔미래포럼이 내놓은 자료에 따르면, 2800년이면 마지막 한국인 이 숨을 거둔다고 합니다. 우리나라가 현재의 출생률을 유지한다면 말이지요. 만약 지금보다 출생률이 더 낮아진다면 소멸 시기가 앞 당겨질 수도 있다고 합니다. 이 책의 저자들은 다문화 시대가 낮은 출생률 문제를 극복하는 힘이 될 수 있다고 주장하는데요, 여러분 의 생각은 어떤가요?

┄┄>

도움말) 현재 우리나라는 현저하게 낮은 출생률 때문에 빠른 속도로 고령화 사 회로 나아가고 있습니다. 이렇게 되면 생산 가능 인구(15~64세) 비율이 낮아 져서 생산 활동에 필요한 인력이 부족해지는 문제가 발생합니다. 돈을 벌어들 이는 인구가 감소하면 소비가 줄고 저축률이 하락하여 사회적 재투자가 원활 하게 이루어지지 않을 수 있습니다. 그러다 보니 일각에서는 이런 문제를 해결 하기 위해 더 적극적으로 다문화 정책을 펼쳐야 한다고 말하는 사람도 있습니 다. 실제로 2012년 결혼하는 열 쌍 중 한 쌍이 국제결혼이라는 통계가 나와 있 습니다. 그런데 이런 주장에 대해 좋지 않게 보는 이들도 있습니다. 장가를 가 지 못한 농촌 총각들이 우리보다 경제적으로 열악한 나라에서 신부를 데려와 결혼한 것을 두고 '매매혼'이라고 비하하기도 하지요. 또 적잖은 이주 여성들이 이혼 후 홀로 자녀를 기르거나 헤어져 지내는 등 여러 사회 문제가 발생하기도 합니다. 이런 사회 문제들을 어떻게 해결할 수 있을지도 생각해보세요.

2. 다문화 가정에 대한 잘못된 생각과 편견으로 인해 생겼던 갈등이나 이를 극복해본 경험을 떠올려보세요. 자신이 현재 다문화 가정이거나 이로 인해 갈등을 겪고 있다면 어떤 일인지 말해보고, 책에서 얻은 해결 방법을 말해보세요.

····>

도움말) 우리나라는 1980년대 후반부터 경제 부흥을 위해 외국인 노동자를 받아들였지만, 최근 들어 경제 성장이 둔화되면서 저임금 외국인 노동자에게 일자리를 빼앗긴다는 불안감을 갖고 있습니다. 여기에 외국인 노동자와 가족들, 다문화 가정에 지불되는 사회 비용도 적지 않다고 말합니다. 이런 불안감과 비관적 전망이 커지면서 다문화를 적대시하고 배타적으로 대하는 단체도 생겨났습니다. 하지만 이 책의 저자들은 우리는 유럽과 다른 다문화 사회를 만들어갈 수 있다고 말합니다. 어떤 근거로 그런 생각을 하는지 책에서 찾아보세요.

					친	구	의		글					

이 책에서 단일 민족 사관이라는 말이 가장 인상에 남는다. "우리는 단일 민족이다"라는 생각 때문에 우리끼리 뭉쳐야 한다고 생각하고, 다른 나라 사람들을 밀쳐내는 심리가 있다는 것을 이 책을 통해 더 자세히 알 수 있었다. 말로는 글로벌 시대라고 하면서 실제로는 다른 나라 사람들을 잘 이해하지 못하고 편견을 많이 갖고 있다는 것도 알게 되었다. 책에 나온 사연 중에 아버지가 러시아인인 한국 국적의 다니엘이 학교에서 '독도는 우리 땅'이라는 노래를 부르자 친구들이 "너는 우리나라 사람이 아니잖아" 하면서 못 부르게 했다는 게 기억에 남았다. 분명히 한국 국적이고 스스로도 한국인이라고 생각하고 있는데, 단지 부모 한쪽이 러시아인이라는 이유로 제외시켜서 상처를 입혔다. 내가 만약 그 자리에 있었다면 나는 어떤 행동을 했을까? 이 책을 읽은 후라면 아이들에게 다니엘은 한국인이라고 당당하게 말해주었을 것이다.

또 얼굴이 화끈거릴 정도로 부끄러웠던 게 있다. 동남아시아에서 온 소모뚜 씨가 느낀 한국인의 두 얼굴이다. 한국인들은 동남아에서 온 소모뚜 씨를 대할 때와 유럽에서 온 백인을 대하는 태도가 확연히 달랐다. 유럽에서 온 백인들은 우리나라 사람들이 모두 친절하다고 인식하고 있었고, 소모뚜 씨는 우리나라 사람들이 무뚝뚝하고 불친절하다고 느꼈다. 그만큼 우리는 알게 모르게 우리보다 경제적으로 못사는 나라라는 이유로 동남아시아에서 온 사람들을 무시했던 것이다.

나는 아직 가까이에서 다문화 가정 아이들을 만나보지 않아서 그런지 이 책을 읽기 전까지 우리나라에 사는 외국인 노동자나 다문화 가정 아이들이 이렇게까지 힘든 줄을 잘 몰랐다. 이 책 덕분에 우리의 잘못된 생각과 편견을 발견할 수 있었고, 다문화 시대에 우리가 어떤 자세로 어울려 살아가야 할지도 배웠다. 많은 사람들이 이 책을 읽고 차별과 편견을 버리고 함께 잘 살았으면 좋겠다.

_김상현(광성중학교 3학년)

2부

민주주의와
법

08

낮은 데로
임하소서

"돈과 권력의 기반이 탄탄해서

늘 높은 자리에 있는 사람도 있겠지만,

우리들 대부분의 자리는 그 위치가 유동적입니다.

높은 곳에 있을 때 낮은 곳을 배려할 줄 안다면

사회는 분명 아름다워질 것입니다."

『나의 권리를 말한다』

전대원 지음, 뜨인돌

〈법과 사회〉 교사가 쓴 '권리'에 관한 책. 권리가 사회에서 어떤 모습으로 충돌하는지, 어떻게 약자를 보호하는지, 개인은 어떻게 스스로를 보호할 수 있는지 보여준다. 학교 밖에서 진짜 세상을 살아갈 때 알아야 할 지식들이 담겨 있다.

학교가 내 권리를 침해하고 있다면

어떤 학교에서 중국 해외 기행을 위한 정부 지원금을 받았습니다. 이에 학교 측은 30명의 학생을 선발하여 보내기로 결정했습니다. 신청자가 많아지자 학교 측은 선발 기준을 정했는데, 성적이 좋은 학생을 우선 선발하기로 했습니다. 해외 기행은 정부의 지원을 받아 청소년들에게 넓은 세상을 체험하는 기회를 주는 프로그램인데, 이렇게 성적을 기준으로 선발하는 게 옳은 일일까요?

공부를 잘하는 아이들에게 그런 기회를 우선적으로 주려는 학교 측의 의도는 무엇일까요? 혹시 성적이 우수한 학생들이 대학에 진학할 때 유리하도록 하기 위한 것은 아닐까요? 학교생활기록부에 해외 기행의 경험이 기록되면 대학 진학에 도움이 될 수 있을 테니까요. 일류 대학에 진학한 학생이 많아야 학교 위상이 높아진다고 생각하다 보니 성적이 높은 학생에게 기회를 주는 편이 효율적이라고 판단했을지도 모릅니다. 아니면 성적을 기준으로 선발하는 게 가장 편리해서 그랬을 수도 있지요. 학생들도 성적순이라고 하면 크게 반발하지 않을 테니까요.

하지만 성적을 기준으로 해외 기행의 참여 기회를 주는 것은 엄연히 차별입니다. 성적이 낮다는 이유로 기회조차 주지 않았으니까요. 성적 기준이든 외모 기준이든 중요한 것은 그것을 결정할 때 민주적 절차에 따라 합의를 해야 한다는 것입니다. 일방적으로 정

나는 나의 정당한 권리를 침해받고 있지는 않은가?

하고 무조건 따르라고 하는 것은 분명 문제가 있습니다.

성적이 높은 학생이 학교생활 중 자신의 권리를 침해받는 경우에 대해서도 생각해봅시다. 어떤 학교에서는 1등부터 10등까지의 명단을 공개한다고 합니다. 학교 측이 본인의 허락을 받지 않고 성적을 공개하는 것은 문제가 없을까요? 성적 공개로 뿌듯함을 느끼는 학생도 있겠지만 싫어하는 학생도 있을 것입니다. 성적이 공개되면 친구들 사이에서 공부 잘하는 아이로 알려지고 불필요한 오해나 꼬리표가 달릴 수도 있지요. 자신의 성적이 공개되는 것을 원하지 않는다면 존중해주어야 하지 않을까요? 학생들도 자신의 성적을 공개하지 말아달라고 요구할 수 있어야 하고요.

법은 낮은 곳으로 임해야 한다

『나의 권리를 말한다』의 저자인 전대원 선생님은 현직 고등학교 교사입니다. 저자는 "권리 위에 잠자는 자는 보호받지 못한다"라는 유명한 법언을 인용하면서 자신의 권리는 스스로 찾는 것이지 누가 찾아주는 것이 아니라고 강조합니다. 만약 중요한 일인데 투표하지 않거나 의사 표시를 하지 않는 것은 다른 사람이 맘대로 해도 좋다는 허용의 뜻이 담겨 있습니다. 나중에 억울하다고 말해도 할 말이 없고, 다시 권리를 되찾기까지 오랜 투쟁을 해야 할지도 모릅니다. 그러므로 성적이 높은 학생에게만 해외 기행의 기회를 주는 학교 측에 항의하고 자신도 해외 기행에 갈 권리가 있음을 주장할 수 있어야 합니다. 또 성적과 같은 사적인 정보가 공개되는 것을 거부할 권리가 있습니다. 하지만 현실적으로 학생 입장에서 자기 권리를 주장하기란 쉽지 않지요. 어쩌면 이것이 권리라는 것을 모를 수도 있고요.

저자는 우리나라에서 이러한 권리 의식이 발달하지 못한 까닭으로 오랫동안 이어져온 농경 문화를 들고 있습니다. 우리는 오래전부터 상부상조와 공동체 연대 의식이 강하여 법보다는 연줄이나 인정에 의해 문제를 해결해왔습니다. 정해진 규약이나 질서보다는 학연이나 지연 등 개인적 연줄에 의지하려는 경향이 강한 것도 이러한 문화적 배경 때문이지요. 그러다 보니 사회적 약자들의 권리가 제대로 보장되지 못하고, 권력을 가진 자에 대한 복종이 강조되었습니다. 저자는 헌법에 보장된 기본적 권리를 보장받을 수 있을 때 사회적 약자들의 이익을 도모할 수 있다고 주장합니다.

헌법에 보장된 기본권

촛불집회와 대통령 탄핵을 거치며 많은 국민들이 헌법에 관심을 갖게 되었습니다. 촛불집회가 열리는 동안 "대한민국은 민주공화국이다. 대한민국의 주권은 국민에게 있고, 모든 권력은 국민으로부터 나온다"라는 헌법 제1조가 많은 이들의 입에 오르내리기도 했지요. 우리헌법읽기국민운동본부라는 단체에서는 『손바닥 헌법책』을 만들어 배포하기도 했습니다. 이 작은 책에는 1919년 4월 11일에 공포된 대한민국 임시헌장을 비롯하여 대한민국 헌법과 세계인권선언들이 수록되어 있었습니다.

그렇다면 헌법에 보장된 기본권이란 무엇일까요? 책에서 저자는 기본권에 대해 사례를 들어가며 친절히 알려주고 있습니다. 헌법이 보장하고 있는 기본권 중에 포괄적인 기본권으로 '인간으로서의 존엄과 가치 및 행복의 추구'가 있습니다. 여기에 따라오는 기본권으로는 평등권, 자유권, 사회권, 참정권, 청구권이 있지요. 이 가운데 평등권과 자유권은 민주주의 도입 초창기부터 보장되기 시작한 기본법으로, 사람들에게 익숙한 법입니다. 이에 반해 사회권은 자본주의의 발달과 함께 사회적 불평등이 심화되면서 뒤늦게 나타난 기본권입니다. 사회권은 '인간다운 생활을 할 권리'라고 해서 '생활권'이라고도 합니다. 교육권, 건강권, 주거권, 환경권, 소비자의 권리, 노동기본권 등이 사회권에 속합니다.

이 가운데 교육권에 대해 저자가 말한 것을 조금 소개해보겠습니다. 교육권은 교육을 받을 권리, 교육을 할 권리, 또는 양자를 포함하는 권리 등을 말합니다. 저자는 고등학교에서 〈법과 사회〉

사회적 강자도 공정하게 법의 심판을 받아야 하며,
공공선을 위해 자신의 권리를 양보할 수 있어야 한다.

과목을 가르치고 있는 선생님으로서 솔직한 경험담을 털어놓으며 교육권에 대해 들려줍니다. 학교에서 학생들의 생활 지도를 하는 일은 쉽지 않습니다. 규칙을 지키지 않고 핑계를 대며 빠져나가는 학생들이 있지요. 말로 타일러도 막무가내인 학생을 만날 때 교사는 힘을 사용하여 의지를 관철시키려는 유혹에 빠지곤 합니다. 그러다 보면 자칫 교사라는 권력으로 학생의 인권을 억압할 수도 있지요.

권력을 소유할수록 인권 감수성은 점차 둔해지는 성질이 있습니다. 저자도 학생부 담당을 하면서 인권 감수성이 나날이 떨어져 간다고 느낄 때 괴로웠다고 토로합니다. 교사들의 인권 감수성이 떨어지면 학생들에게 학교는 가기 싫은 곳이 되어버립니다. 때로는 학교가 지옥처럼 느껴질 수도 있습니다. 교육에 대한 열정이 지나친 나머지 학생들이 싫어하는 일, 할 수 없는 일을 강요할 경우에 더욱 그렇습니다. 학생은 시킨 대로 안 하면 평가에 불이익을 당하기 때문에 어쩔 수 없이 해야겠지요. 이러면 교육을 할 권리를 위해 교육받을 권리를 침해해버리는 결과를 낳게 됩니다. 따라서 교사들의 교육권이 인권 감수성과 조화되어야만 학생의 인권이 잘 보호될 수 있다고 저자는 말합니다. 동시에 학생들을 무한 경쟁으로 몰아넣는 사회 구조가 바뀌지 않는다면 몇몇 교육자의 노력만으로 우리나라 학교가 행복해지지는 않을 것이라고 덧붙입니다.

책 끝부분에서 저자는 착하게 사는 것이란 무엇인가에 대한 견해를 말하고 있습니다. 저자는 착하다는 것은 자신의 권리를 타인에게 기꺼이 양보하는 것이라고 말합니다. 하지만 조직 안에서 약자의 처지에 있는 사람이 윗사람의 권위에 눌려서 양보하는 것이 아니라, 힘이 있는 강자가 낮은 지위에 있는 사람에게 권리를 양보하는 것이 바로 착한 것이라고 말합니다. 흔히 "법은 만인에게 평등하다"라는 말이 있지만, 그 말을 믿는 사람이 드문 이유는 현재 우리가 사는 사회에서는 힘 있는 강자가 돈이나 권력을 이용하여 법망을 교묘히 빠져나가는 예가 많기 때문입니다. 저자가 바라는 대로 힘을 가진 사람들이 약한 처지의 사람에게 자신의 권리를 양보하는 일이 많아지는, 착한 사람이 많아지는 사회가 되기를 희망합니다.

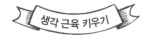
생각 근육 키우기

1. 참정권은 정치적 기본권이라고 하여 헌법에 보장된 기본권입니다. 우리나라는 세계 150여 개국 가운데 만 19세 투표권을 가진 유일한 나라입니다. 최근 투표 연령을 만 18세로 낮춰야 한다는 목소리가 높아지고 있습니다. 투표 연령을 만 18세로 하자는 주장에 대해 어떻게 생각하나요? 자기 의견을 근거를 세워 주장해보세요.

⋯⋯>

도움말) 브라질은 만 16세가 되면 투표를 할 수 있습니다. 세계 대부분 나라들이 투표 연령을 16~18세로 하고 있는 이유는 기본권인 '참정권'을 인정하기 때문이지요. 교육받은 정도나 정치적 성숙도를 기준으로 투표 연령을 정하는 것이 아니라 국민으로서 누려야 할 기본 인권의 하나로 인식하기 때문입니다. 우리나라는 주로 청소년의 정치적 미성숙과 정치가들이 청소년들을 선동할 수 있다는 이유로 투표 연령을 낮추는 것을 반대합니다.

2. 저자는 헌법에 보장된 '행복추구권'은 해석에 따라 모호함을 갖고 있다고 말합니다. 2000년에 강릉에 살던 여고생이 야간 자율 학습이 행복추구권을 침해한다고 헌법재판소에 소원을 낸 적이 있습니다. 교육청이나 학교 측에서는 강제성이 없었고 자발적으로 선택하게 했다고 해명했지만, 학생들은 어쩔 수 없이 반강제적으로 하는 분위기이기 때문에 행복추구권을 침해당했다고 말합니다. 과연 어느 쪽 의견이 맞을까요? 또 평소에 행복추구권을 침해받았다고 느낀 것들이 있는지 떠올려보세요.

....>

도움말) 대한민국 헌법 제10조에 "모든 국민은 인간으로서의 존엄과 가치를 가지며, 행복을 추구할 권리를 가진다"고 되어 있습니다. 헌법학자들에 따르면 행복추구권은 우리나라 헌법 조항 중에 가장 논란이 되고 있는 조항이라고 합니다. 행복이라는 감정이 상당히 주관적이고 세속적인 가치이기 때문이지요.

┌─┬─┬─┬─┬─┬─┬─┬─┬─┬─┬─┬─┬─┐
│ │ │ │ │ 친 │ 구 │ 의 │ │ 글 │ │ │ │ │
└─┴─┴─┴─┴─┴─┴─┴─┴─┴─┴─┴─┴─┘

저자가 학교 선생님이어서 그런지 학교에서 있었던 일을 예로 들어 여러 권리를 잘 설명해주었고, 학생인 나도 충분히 공감할 수 있었다. 나는 아직 고등학생은 아니지만 이름과는 상반되는 강압적인 '야간 자율 학습'과 지금은 거의 없어진 '체벌'에 관한 내용도 공감이 갔다. 그리고 이런 것들이 내 권리를 침해하는 것임을 알았다.

가장 기억에 남았던 부분은 '양심적 병역 거부'에 대한 내용이었다. 종교나 신념에 따라 전쟁에 관한 행위, 훈련에 반대하여 군대에 가지 않고 감옥을 택한다는 것이다. 인터넷에 검색해보니 우리나라에서는 인정하고 있지 않지만, 징병제를 유지하는 83개국 중 대만과 덴마크, 독일, 러시아, 이스라엘 등 31개국이 양심적 병역 거부를 인정하고 있으며, 유엔인권이사회 역시 양심적 병역 거부로 인한 갈등 해소를 위해 대체복무제 도입을 권고하고 있다.

양심적 병역 거부에 대한 처벌은 일반 국민 사이에서도 찬반 의견이 극명하게 갈리는데, 양심적 병역 거부에 대해 부정적인 입장에서는 주로 우리나라가 세계 유일의 분단국가라는 특수성을 이유로 든다. 또 국방의 의무를 평등하게 부과해야 하므로 병역을 회피하는 사람은 처벌해야 한다는 입장이다. 우리나라는 2007년부터 현역병보다 두 배 많은 기간 동안 한센병원, 결핵병원, 정신병원 등에서 근무하면 병역을 이행한 것으로 간주하는 대체복무제를 실시하려고 했으나 실현되지 못했다.

　이 책에서 얻은 가장 소중한 교훈은 내 권리가 침해받고 있을 때, 내 권리를 침해당했음을 알 수 있도록 내 권리가 무엇인지 알아야 한다는 점이다. 사람들에게 주어진 권리가 생각보다 많다는 것, 권리를 보장받기 위해서는 의무 또한 지켜야 한다는 것도 책에서 얻은 교훈이다.

_김도현(문원중학교 3학년)

다양성을
존중하는 사회

"모두가 똑같은 인간으로 머문다면

　자기 실존을 어떻게 확인할 수 있나요?"

『논쟁하는 정치 교과서』(전2권)

옹진환, 김유란, 이상인, 임정인, 정원규, 황정숙 지음, 신인문사

현실 속의 논쟁을 있는 그대로 담아낸 대안 정치 교과서. 다양한 사람들이 사는 만큼 우리 사회에 논쟁이 벌어지는 것은 불가피하다. 타협과 조화만을 강조하는 사회과 교육에서 벗어나, 실제 정치가 무엇인지 이 책을 통해 배울 수 있다.

우리는 서로 다른 사람들

오늘날 컴퓨터 과학의 아버지로 알려진 앨런 튜링Alan Turing은 2차 세계대전 당시 독일군의 암호 체계를 해독해내는 데 결정적인 공헌을 한 사람으로 유명합니다. 1936년에는 초보적 형태의 컴퓨터인 튜링 머신을 고안하였습니다. 수학 및 컴퓨터 분야의 최고 영예 중 하나인 '튜링상'은 그의 이름을 딴 것이지요. 그런 튜링의 삶이 비극으로 끝난 것은 그가 동성애자라는 사실이 알려지면서였습니다.

당시 영국에서 동성애는 중대한 범죄였습니다. 결국 튜링은 화학적 거세 형을 받았고, 1년 후 스스로 목숨을 끊었습니다. 그의 시신 옆에 한입 베어 문 사과가 떨어져 있었고, 경찰은 그가 독사과를 먹고 죽었다는 결론을 내립니다. 소문에는 스티브 잡스가 그 사과 모양을 자신이 세운 애플 사의 로고로 정했다는 이야기도 있습니다. 튜링이 죽은 후 59년 만인 2013년 영국 여왕 엘리자베스 2세는 그를 사면하여 명예를 회복시켰습니다.

지금도 동성애자라는 이유만으로 처벌을 받는 경우가 많습니다. 2005년 이란에서는 10대 소년 2명이 동성애자라는 이유로 교수형에 처해졌고, 2011년 우간다에서는 최초로 커밍아웃˙을 하고

˙ come out of closet(벽장 속에서 나오다)에서 유래한 말. 성 소수자들이 공개적으로 자신의 성적 지향과 정체성을 드러내는 것을 의미한다.

독사과를 든 모습의 앨런 튜링 추모 동상.
"컴퓨터 과학의 아버지, 편견의 희생자"라는 문구가 바닥에 새겨져 있다.

동성애자들의 인권 보호를 위해 애쓰던 남자가 괴한의 습격을 받아 죽은 일도 있었습니다. 국제앰네스티의 조사에 의하면 현재 전 세계 193개국 중 76개국이 동성애를 불법으로 간주하고 있다고 합니다. 우리나라에서는 동성애자에게 법적으로 형벌을 가하지는 않지만 이들을 부정적으로 바라보고 차별하는 사람이 적지 않습니다. 동성애에 대한 혐오나 차별적 시선을 견디지 못해 극단적인 선택을 하는 일도 벌어지곤 합니다.

"현대 사회는 다원주의 사회다." 교과서에도 등장하는 말이지요. 다원주의가 민주주의를 이루는 기초라는 말도 흔하게 들었을 것입니다. 그런데 과연 말 그대로 지금 사회는 다원주의 사회일까요? 『논쟁하는 정치 교과서』에서는 여러 사례와 이론적 근거를 들어 다원주의를 알려주고 있습니다. 다원주의는 다원성을 존중하면서도 안정적이고 지속적인 공동체를 만들어가는 것을 말합니다. 여기서 다원성은 현실적으로 존재하는 사람이나 사물, 가치, 문화 등이 다양하다는 사실을 의미합니다.

그런데 다양성을 인정하자는 다원주의는 자칫 상대주의와 혼동될 수 있습니다. 상대주의는 '절대적으로 올바른 진리란 존재하지 않으며, 인식이나 가치가 그것을 정하는 기준이나 상황에 따라 상대적이라고 보는 입장'입니다. 상대주의로 보면 세상에는 절대적으로 옳은 것, 꼭 지켜야 할 보편적인 가치가 없는 것이나 마찬가지입니다. 예를 들어, 이슬람 문화권에서 여성이 이슬람 경전에 어

굿난 행동을 했다는 이유로 죽이는, 일명 '명예 살인'도 이슬람 문화라고 인정하고 넘어가게 될 것입니다. 다양한 가치와 문화를 존중하자는 다원주의와 보편적인 진리가 없다는 상대주의는 무엇이 다를까요?

합당한 다원주의, 비판적 다원주의

『정의론』을 쓴 존 롤스John Rawls는 '합당한 다원주의'만을 인정하자고 주장했습니다. 존 롤스는 이를 사적인 영역과 공적인 영역을 구별해서 설명합니다. 어떤 사람은 슈베르트 음악을 좋아하고, 어떤 사람은 걸그룹의 음악을 좋아하는 취향이 있듯이 사적인 차원에서는 가치의 다원성을 인정해줄 수 있으므로 굳이 옳다, 그르다와 같은 합의를 할 필요는 없습니다. 하지만 공적인 영역에서는 공동체의 의사 결정을 위해서 합의가 필요하지요. 각자 다른 수많은 생각들이 공존하는 사회 공동체에서는 모든 가치를 다 인정할 수 없으므로 중요한 기준이 되는 것, 즉 합당성이 있어야 한다는 것입니다. 서로 다른 가치를 추구하는 사람들이라 할지라도 공적인 일에서는 이성을 통해 최소한의 목표와 가치에 대한 합의점을 찾아야 한다고 본 것이지요.

그런가 하면 철학자 칼 포퍼Karl Popper는 상대주의와 다원주의의 차이는 진리에 대한 관념이라고 말합니다. 상대주의는 모든 것을 주장할 수 있기 때문에 결국 모든 것이 참이 되어버리고, 모든 것이 참이라는 말은 아무것도 참이 될 수 없다는 말과 같기 때문에 진리라는 것 자체가 무의미하다고 포퍼는 말합니다. 따라서 다원주의는 진리 탐구를 위한 다양한 입장과 이론은 서로 경쟁하도록 되어 있으며, 합리적인 토론과 다양한 이론에 대한 비판적인 검토를 통해 진리를 찾아갈 수 있도록 하자는 것입니다. 이런 다원주의 시각에서 볼 때, 이슬람 문화권의 '명예 살인'은 남성 중심의 문화에서 힘을 가진 남성이 약자인 여성을 억압하고 폭력을 행사하는 것이므로 문화로서 존중해줄 가치가 없다고 볼 수 있습니다. 다양한 가치와 문화를 인정하되, 비판적인 관점으로 바라보고 토론을 통해 옳은 것이 무엇인지 합의를 하는 것이 다원주의입니다.

다원성의 중요성을 강조한 학자로 한나 아렌트Hannah Arendt가 있습니다. 그는 다원성이야말로 인간 존재의 가장 근본적인 조건이라고 주장합니다. 그런 면에서 그는 소수 엘리트 중심의 철인 정치를 주장한 플라톤을 비판합니다. 플라톤은 불확실하고 어리석은 대중들의 판단이나 의견을 따르기보다 지혜와 진리를 추구하는 철학자들이 정치를 담당하는 것이 더 바람직하다고 주장하였지요.

하지만 한나 아렌트는 플라톤의 이런 생각이 오히려 히틀러 같은 독재를 불러왔다고 비판하면서, 누구나 자신만의 말과 행위로 자신의 의견을 타인에게 드러낼 수 있어야 한다고 주장합니다. 그는 이성과 논리도 중요하지만 이성적인 사유보다 중요한 것은 정치 영역, 즉 공적인 영역에서 자기 자신의 다름을 드러내는 것이라고 말합니다. 플라톤식의 엘리트주의는 오히려 평범한 사람을 지배에 예속시킬 뿐이라는 것이지요.

익명의 지배를 받고 있는 현대 사회

하지만 이런 다원주의에 대해 의문을 던질 수도 있습니다. 현대 사회가 지나치게 개인의 자유와 다원성을 강조하다가 오히려 공동체 의식이 줄어들어서 문제가 아니냐고 반문할 수도 있지요. 이에 대해 한나 아렌트는 현대 사회가 오히려 구성원들에게 하나의 의견과 이해만을 갖도록 요구하는 것은 아닌지 묻습니다. 그는 옛날처럼 눈에 보이는 통치자가 명령하는 독재 체제는 아니지만 현대의 우리들 역시 '익명의 지배'를 받고 있다고 말합니다. '익명의 지배'는 세계화라는 이름으로 이루어지고 있는 언어의 획일성이나 통일성 등을 생각해보면 금방 이해할 수 있습니다. 또 국가가 공동체를 위한다는 명목으로 개인에게 강요하는 것들도 문제가 될 수 있지요. 토론이나 합의를 거치지 않고 일방적으로 가치를 주입하거나, 다수의 힘으로 소수의 의견을 무시하는 행동, 권력이나 지위를 이용하여 사회적 약자의 의견을 억압하는 행동 등도 모두 다원

진정한 공동체 의식은 인종, 종교, 나이, 장애, 성 정체성 등에 따른
차이를 이해하고 존중하는 데에서 시작된다.

주의를 무시하는 행위입니다. 또 모든 가치를 돈으로 환산하여 돈이 안 되는 것은 일방적으로 없애거나 기회조차 주지 않는 것 역시 다원주의를 해치는 행위입니다. 돈이 안 되는 영화는 상영조차할 수 없다거나, 취업이나 돈벌이에 도움이 안 된다는 이유로 하루아침에 학과를 없애거나 통폐합하는 대학이 그런 사례입니다. 다양한 연구가 실험적으로 이루어져야 할 대하이 시장 논리에 압도되어버린 것입니다.

한나 아렌트는 다음과 같이 말했습니다. "모두가 똑같은 인간으로 머문다면 자기 실존을 어떻게 확인할 수 있나요?" 우리는 이처럼 다원주의가 민주적인 사회를 만드는 기초가 됨을 다시 확인할 수 있습니다. 그렇다면 이제 남은 과제는 다원주의를 어떻게 실천할지입니다. 서로 다른 개인들이 자신의 가치를 드러내고 사는사회에서 모두가 만족할 수는 없겠지요. 일단 출발은 나와 다른타인을 인정하는 것입니다. 이상하게 보는 시선을 거두고 타인을이해하려고 노력하는 것입니다. 다만 존 롤스가 말했듯이 어떤 사람의 행동이 공적인 영역에 해당하는 문제라고 여겨질 경우, 그것을 공론화하고 토론을 통해 합의점을 찾아야 합니다.

생각 근육 키우기

1. 영어가 세계 공통어로 널리 쓰이면서 세계적으로 수많은 언어들이
   사라질 위기에 처해 있습니다. 과거 유럽의 식민지 팽창과 많은 이
   민, 정부의 표준화 정책, 세계화가 진행되면서 소수 민족의 언어들
   이 소멸 위기에 처한 것입니다. 우리나라 제주어도 '아주 심각한 위
   기에 처한 언어'로 규정되었다고 하지요. 다양한 언어를 살리고 보
   존하는 것이 왜 중요할까요? 앞에서 알게 된 다원주의 입장에서 생
   각해보세요.

   ....>

도움말) 유네스코에 따르면, 지구상의 6,700여 개 언어 중 2,400여개 언어가 사
라질 위기에 처해 있다고 합니다(2009년 기준). 언어는 단순히 의사소통의 도구
일 뿐 아니라 문화와 가치, 정체성을 표현하는 도구입니다. 말은 그 나라, 그 개
인의 독특성을 표현하는 중요한 수단인 것입니다. 2012년 구글은 전 세계 언어
학자들과 함께 '멸종 위기에 처한 언어 프로젝트'를 시작했습니다. 소멸 위기에
처한 언어와 사라져가는 방언과 관련된 자료를 찾아 저장하고 공유하는 프로
젝트입니다. 애플에서도 아메리카 원주민의 언어를 사용할 수 있는 소프트웨
어를 개발했다고 합니다.

2. 한나 아렌트는 현대 사회가 '익명의 지배'를 받고 있다고 말합니다. 다수의 의견, 공동의 이해와 지배적인 의견에 순응하는 태도를 자신도 모르게 요구하거나 요구받고 있다면 그것이 곧 익명의 지배를 받고 있음을 말하는 것입니다. 익명의 지배는 눈에 보이지 않기 때문에 주제도 불분명하고 따라서 그와 맞서 싸우려는 의지도 약해질 수밖에 없습니다. 주변에서 익명의 지배라고 느끼는 것들을 찾아보세요.

····>

도움말) 우리는 다원성을 인정하는 민주주의를 지향하면서도 표준화된 틀을 가지고 사람을 판단하거나 통일성을 강요하기도 합니다. 미디어를 통해 전달되고 주입되는 획일화된 사고나 다양성을 인정하지 않는 국정 교과서, 전국경제인연합회에서 만든 『경제』 교과서가 그런 예에 들어갈 수 있습니다. 익명의 지배에서 벗어나려면 자신이 믿고 있는 것이 보편적으로 옳은 것인지, 다원성을 해치는 것은 아닌지 의문을 갖고 다른 사람들과 자주 토론해보아야 할 것입니다.

					친	구	의		글					

'자유'의 사전적인 의미는 "외부적인 구속이나 무엇에 얽매이지 않고 자기 마음대로 할 수 있는 상태"이다. 그런데 다른 사람에게 피해를 주는 행동이나 자신의 의무를 다하지 않고 멋대로 행동하는 것을 자유라고 할 수 있을까? 나는 학생이 학원을 빠지고 몰래 놀러가는 것이 자신의 의무를 다하지 않고 멋대로 행동하는 것이기 때문에 자유가 아니라고 생각했다. 그런데 이 책의 4장 '자유'에 나온 사람 중 칸트는 "자유로운 사람은 자신이 스스로에게 부과한 법칙에 따라 움직이는 사람"이라고 말했다. 또한 "자유로운 사람은 인과 법칙이나 필연성, 경향성에 따라 움직이는 사람이 아니다"라고 하였다.

칸트의 주장을 내 상황에 적용해보자. 학원에 가는 것은 반강제적으로라도 자신이 다니겠다고 약속한 것이기 때문에 그것을 지켜야 자유로운 것이다. 그런데 칸트의 주장을 모두에게 적용할 수 있는 것은 아니다. 만약 칸트의 주장을 노예에게 적용한다면 상황이 달라질 수 있다. 그는 주인의 소유이기 때문에 스스로에게 법칙을 부과하더라도 그것을 지키려 자신의 마음대로 행동할 권한이 없기 때문이다. 따라서 자신이 마음 가는 대로 행동할 자유도 없는 사람에게는 칸트의 주장보다는 '지배(예속)'의 유무가 자유를 결정한다는 페팃의 주장이 더 적절하다고 볼 수 있다.

이 책은 이렇게 '자유'라는 주제 말고도 평등, 인간 존중 등 일반 사회 교과서에서 찾아볼 수 없었던 주제를 다루고 있다. 학생과 선생님이 사유롭게 대화하고 토론하는 형식으로 되어 있다. 그래서 조금은 어려운 주제를 쉽고 재미있게 읽을 수 있었다. 요즘 나는 여러 이유로 자꾸만 다짐했던 것들이 흔들린다. 숙제도 때론 귀찮고, 먹지 않으려 했던 것도 자꾸만 먹고 싶어진다. 그럴 때 이제부터는 칸트가 말한 '자유'를 생각해보며 다시 마음을 굳게 먹어야겠다. 지키고자 한 것은 지키자고.

_이예담(숭의여자중학교 3학년)

의무는
꼭 지켜야 하는 것?

"부채감이란

우리가 살고 있는 지금 이 사회의 유리한 여건들은,

의무를 따르고 때로는 의무를 넘어선 행위를 한 사람들의

피와 땀으로 마련되었다는 점을 잊지 않는 것입니다."

『너의 의무를 묻는다』
이한 지음, 뜨인돌

변호사이자 시민교육센터의 대표인 저자 이한은 이렇게 묻는다. "정말로 그 많은 의무
를 다 지킨다면 모든 사람이 행복한 사회는 진짜 이루어질까?" 사람답게 살아갈 진짜
의무를 생각해보며 더불어 사는 사회의 근간을 깨닫게 해주는 책.

납세의 의무를 거부한 남자

1845년 미국 매사추세츠 주 콩코드의 한 숲속, 월든이라는 호숫가에 한 청년이 집을 짓기 시작합니다. 아주 적은 비용으로 혼자 기거할 수 있는 오두막을 지은 청년은 농사를 짓고 물고기를 잡으며 자급자족하는 생활을 합니다. 이 청년이 미국 작가 헨리 데이비드 소로Henry David Thoreau입니다. 당시 그는 28세였습니다. 그는 하버드 대학을 졸업한 후 자신의 모교에서 초등학생을 가르쳤으나 체벌 교육에 반대하며 교사직을 그만두었습니다. 어려서부터 자연 속에서 소박하게 사는 삶을 꿈꾸던 소로는 월든 호숫가에서 2년 2개월을 지냅니다. 그는 홀로 지내면서 매일 글을 썼고, 그렇게 해서 나온 책이 『월든』입니다. 지금까지도 수많은 사람들에게 깊은 울림을 주는 책이지요.

오두막에 살 때 소로가 하루 동안 감옥에 갇힌 적이 있습니다. 국가에 내야 할 세금을 내지 않았기 때문입니다. 미국이 멕시코와 전쟁을 벌이는 것에 반대하여 인두세* 납부를 거부한 것입니다. 친척이 대신 벌금을 내어 풀려나긴 했지만 소로의 이런 행동은 사람들에게 깊은 인상을 남겼습니다. 이후 소로는 노예 제도에 반대하면서 「시민 불복종」이라는 유명한 연설문을 썼습니다. 이 글에서

• 성이나 신분, 소득에 상관없이 성인이 된 사람들에게 일률적으로 부과된 세금.

소로가 기거했던 월든 호숫가의 작은 통나무집.

그는 "미국의 노예 제도를 단 한 명이라도 부정하고 저항한 사람이 있다면 그로 인해서 미국의 노예 제도는 이미 폐지된 것이다"라는 말을 했습니다.

국가에서 정한 법은 반드시 지켜야 한다는 생각이 지배적이던 19세기 중반에 홀로 복종을 거부하던 소로의 시민 불복종 행위는 당시로서는 매우 혁신적인 사고였습니다. 소로의 시민 불복종은 그 후 러시아 작가 톨스토이, 비폭력 운동을 전개한 인도의 마하트마 간디를 비롯하여 미국 흑인 민권 운동가 마틴 루터 킹 등 수많은 사상가와 정치가, 학자들에게 영향을 주었습니다. 오늘날에는 교과서에서도 시민 불복종을 중요하게 가르칠 정도입니다.

소로는 법에서 국민의 의무로 정한 납세의 의무를 거부했습니다. 흔히 '의무' 하면 국민의 4대 의무를 떠올립니다. 4대 의무란 근로, 납세, 국방, 교육의 의무이지요. 그리고 의무라고 하면 대부분 '해야 하는 것'이라고 생각합니다.

국가가 법으로 정한 4대 의무를 지키지 않으면 처벌을 받습니다. 싫든 좋든 사회적으로 합의된 법이기 때문이지요. 이렇듯 의무는 좋아하지 않아도, 원하지 않아도, 싫어도 해야 하는 것, 불이익을 당하지 않으려고 억지로 행하는 것, 나의 의지나 판단과는 상관없이 상황상 할 수밖에 없는 것으로 인식합니다. 그러다 보니 사람들은 의무라는 말을 별로 좋아하지 않습니다. 심지어 의무를 자유롭지 않은 상황을 강요하고, 자율적인 판단을 빼앗는 괴물쯤으로 여기는 분위기입니다.

　의무가 필요하다고 주장하는 사람들은 의무가 자기 이익을 지키는 데 도움이 된다고 말하기도 합니다. 인간은 누구나 이기적인 면이 있는데 모든 사람이 자기 방식대로 이익을 추구하기 급급하면 결국 사회가 무너지고 모두에게 불행한 결과를 초래할 테니, 이를 막기 위해 법이나 도덕 같은 의무 체계가 형성되있다는 생각이 그것입니다.

의무는 강제 규정이 아니다

　의무에 대한 이런 생각은 옳은 것일까요? 우리는 의무가 필요하다는 명제만 알고 있을 뿐, 왜 의무를 지켜야 하는지에 대해서는 깊이 생각하지 않고 삽니다. 소로의 시민 불복종은 싫어도 반드시 해야 하는 것이 의무이고, 그렇게 하는 것이 자기 이익에 도움이 된다는 일반적인 생각에서 벗어난 것입니다. 그는 지키지 않으면 벌을 받으니까 어쩔 수 없이 지키는 것을 의무의 본질로 여기지 않았습니다. 그는 의무에 대한 도덕적인 성찰을 통해 무엇이 옳은지를 생각했고, 자발적인 선한 의지에 의해 옳다고 여기는 것을 행했습니다.

　『너의 의무를 묻는다』에서도 저자는 "의무에 대한 도덕적인 고민을 해야 한다"고 강조합니다. 그리고 우리가 왜 의무를 지키는지에 대해서도 질문을 던질 줄 알아야 한다고 말합니다. 안 지키면 처벌을 받기 때문에, 또는 자신에게 이익이 되기 때문에 행하는 것이 의무가 아니라는 말입니다. 즉, 스스로 선한 의지를 움직이게하는 것, 그것이 의무의 본질이라는 것이지요.

예를 들어, 우리가 납세의 의무를 지키는 것은 안 지키면 처벌을 받기 때문에 어쩔 수 없이 하거나 자신에게 이익이 되기 때문에 하는 것이 아니라 국가가 그 세금을 국민의 안전과 기본권 존중을 위해 쓰도록 하기 위해서라는 뜻입니다. 납세의 의무의 본질은 타인을 돕는 것입니다. 따라서 우리는 세금을 어떻게 징수하고 세금을 어떻게 써야 옳은지에 대해 도덕적 고민을 해야 합니다.

현실적으로 세금의 용도를 결정하는 사람들은 국회의원이거나 공무원들입니다. 국회의원들은 민주적인 절차, 즉 국민의 투표에 의해 당선된 사람들로 법을 만들 권한을 갖고 있습니다. 그런데 국회의원이나 행정부 고위 관료처럼 힘 있는 집단 안에는 부유한 사람이 많습니다. 그러다 보니 그들이 부자들의 이익을 우선시하는 경우가 많았습니다. 일반 국민들에게는 경제가 어려우니 허리띠를 졸라매자고 희생을 역설하면서, 종합부동산세*나 법인세 인상에 대해서는 잘못되었다고 목소리를 높입니다. 비정규직이 정규직에

---

* 부동산 과다 보유자에 대한 세금을 강화하기 위한 목적으로 2003년 도입된 세금.

국회가 특권 집단으로 전락하지 않도록 하는 힘은 국민들의 지속적인 관심과 감시뿐이다.

비해 임금 차별을 받는다고 하면, 정규직 임금 소득을 낮추어 비정규직을 돕자고 합니다. 임금의 하향 평준화를 주장하는 것이지요. 그러면서도 사회 전반의 소득 불평등 문제를 제기하면, 잘사는 사람들의 소득을 국가가 가져가서는 경제가 원활히 발전할 수 없다고 합니다. 이런 생각은 '가난한 사람은 바로 그 가난하다는 이유 때문에 부자들보다 덜 배려받을 수밖에 없다'는 전제가 숨어 있습니다. 따라서 저자는 말합니다. 투표했으므로, 민주적 절차에 따랐으므로 의무를 다했다고 생각해서는 안 된다고 말이지요. 민주주의가 시민들의 의견을 담아내고 있는지 지속적으로 관심을 가져야 합니다.

최후의 정치 행위, 시민 불복종

민주주의가 훼손되고 있거나 정의롭지 않다고 여길 때 헨리 데이비드 소로가 그랬던 것처럼 시민 불복종을 시도해볼 수 있습니다. 하지만 시민 불복종도 지켜야 할 몇 가지 요건이 있습니다. 존 롤스는 시민 불복종의 네 가지 요건을 이렇게 정리했습니다.

첫째, 시민 불복종은 단지 자신에게 불리한 법률이나 정책에 저항하는 태도를 뜻하지 않는다는 것입니다. 특정 개인이나 집단에게 유리한 쪽으로 시민 불복종을 시도해서는 안 됩니다. 정부가 처음 의약 분업 정책[●]을 실시하려고 했을 때 의사들이 집단으로 반발했으나 사회적인 호응을 얻지 못한 것도 그런 이유 때문입니다.

둘째, 시민 불복종은 공공의 행위여야 합니다. 법이 부당하다고 여기면 공적으로 사람들 앞에서 자신의 의견을 드러내고 외쳐야 합니다. 법이 싫다고 숨어버리거나 피하는 것은 시민 불복종이 아닙니다.

셋째, 시민 불복종은 비폭력적이어야 합니다. 고의적으로 법을 지키지 않는 것이 시민 불복종이긴 하지만 폭력적인 방법으로 하게 되면 오히려 분노만이 남게 됩니다.

넷째, 시민 불복종은 최후의 정치 행위입니다. "정치적 다수에게 여러 가지 정상적인 방식을 거쳐 호소했지만 소용이 없을 때, 기약 없는 미래를 기다리기에는 피해와 상실이 심각할 때" 법을 위반하는 시민 불복종을 고려할 수 있습니다. 예를 들어, 권력의 입맛에 맞는 왜곡된 언론 보도를 강요당하거나, 국가가 국민을 학살한 사실을 은폐하는 것에 동의할 수 없을 때, 쿠데타로 집권한 독재자가 권력 유지를 위해 정치범을 사형하려는 상황이라면 어떻게 해야 할까요? 이때에는 이런 불의에 저항하는 것, 불복종하는 것이 개인의 우선적인 의무가 될 것입니다. 정의로움을 상실한 법을 어기는 것이 차라리 '옳은 일'을 행하는 태도인 것입니다.

─────────────

● 의사는 처방을, 약사는 조제를 하도록 분리하는 제도. 1990년대까지만 해도 병원에서 약을 조제하거나, 약국에서 임의 조제가 가능했다.

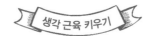

1. 2014년 5월 13일 교사 43명이 청와대 자유게시판에 세월호 참사에 대한 박근혜 대통령의 책임을 묻는 시국선언문을 올립니다. 구조는 커녕 진실을 가리려고 하는 정부와 관료들의 책임 떠넘기기에 분노 한 교사들의 외침이었습니다. 이후 진상 조사와 책임자 처벌을 주 장하며 500여 시민 사회단체가 나섰고, 각계에서 대통령의 책임을 묻는 목소리가 높아졌습니다. 그런데 시국선언을 한 교사들이 검찰 조사를 받았고 여러 교사들이 기소 유예나 선고 후 항소 중입니다. 교육의 정치적 중립을 어겼다는 게 검찰의 주장입니다. 교사들의 시국선언은 소로가 했던 시민 불복종에 해당할까요?

‥‥>

도움말) 책에 나온 바에 따르면, 상당수의 법학자들은 "시민 불복종은 원래 처벌을 감수하는 행위이므로 무조건 처벌해야 한다"는 주장을 펴고 있습니다. 이에 대해 저자는 시민 불복종을 행한 사람을 다른 범법자들과 똑같은 법대로 처벌하는 것은 문제가 있다고 반론을 제기합니다. 교사들이 정치적 중립성을 어겼다는 검찰의 주장에 대해 전교조 측 변호사는 "교사는 공무를 수행하는 주체일 뿐 아니라 국민의 지위를 갖고 있다"며 "공무 중 정치 행위는 일부 제한될 수 있더라도 국민의 한 사람으로서 올린 목소리를 처벌하는 것은 국민의 기본권을 부정하는 것"이라고 말합니다.

2. 19세기만 해도 미국에서 여성은 참정권이 없었습니다. 여성들은 재산 상속, 재산 분할, 이혼, 자녀 양육 등에서 매우 불리한 처지였지요. 이에 1872년 11월 5일 수전 B. 앤서니는 유권자 등록을 하고 투표함에 표를 던졌습니다. 당시 미국에서는 유권자가 아닌 사람이 유권자로 등록하고 투표하면 처벌받았습니다. 수전은 체포되어 감옥에 갇히게 되었고 벌금형을 선고받았지요. 수전의 이런 행동은 존 롤스가 말한 시민 불복종의 네 가지 요건에 맞는 것일까요? 또 역사적 사건이나 뉴스에 나온 사건 가운데 시민 불복종에 해당한다고 생각되는 것을 찾아보세요.

⋯⋯>

도움말) 존 롤스는 시민 불복종의 네 가지 요건을, 특정 개인이나 집단에 유리한 쪽으로 시민 불복종을 시도해서는 안 되고, 공공의 행위여야 하며, 비폭력적이고, 최후의 정치 행위여야 한다고 말합니다. 수전의 행동은 개인의 이익을 위해서가 아니라 여성 권익을 보장받기 위해서였으며, 비밀리에 한 행동도 아니었습니다. 그리고 어떠한 폭력도 가하지 않고 법정에서 자기 의견을 밝혔습니다. 또 여러 방법으로 여성의 참정권을 얻기 위한 노력을 한 후 최후의 방법으로 법을 어기는 행동을 했습니다. 이렇게 볼 때 수전의 행동은 시민 불복종에 해당한다고 볼 수 있습니다.

				친	구	의	글					

　이 책은 평소 의무에 대해서 내가 갖고 있던 생각과 달랐다. 나는 이제까지 의무는 사회적으로 약속한 것이니까 꼭 지켜야 한다고 생각했다. 의무를 지키지 않고 자기 이익만을 추구하면 사회는 무질서하게 될 것이고, 사회 전체가 위험에 빠지게 될지도 모른다고 생각했다. 또 지키지 않으면 혼나기 때문에 지킨다는 생각을 하고 있었다. 그런데 이제는 의무에 대해 이렇게 말할 것이다. "의무는 사람들에게 권리를 보장해주기 위해 있고, 권리는 의무를 지켜야 비로소 얻게 되는 것이다."

　사람을 수단이나 도구가 아닌 목적으로 대우하는 것이 중요하다는 저자의 말에 공감이 갔다. 예를 들어, 잘생긴 사람은 그렇지 않은 사람에 비해 가치를 갖고 있으므로 잘생긴 남자는 군대에 보내지 말아야 한다고 생각하거나, 예술가는 사회에서 특별 대우를 받아야 하므로 나라에서 복지 혜택을 더 주어야 한다는 생각을 갖고 있다고 해보자. 이런 생각은 어떤 사람이 가지고 있는 특성에 따라 본질적인 가치를 단정지었다는 점에서 '의무'를 불평등하게 할당한 것이다. 또 경제가 잘되는 것이 사회 전체에 이익이 된다는 생각으로 불리한 근로 조건 속에서 일하는 비정규직이 어쩔 수 없이 있어야 한다는 생각은 어떨까? 이런 논리가 일부를 수단으로 희생해서 전체를 구하자는 태도이다.

'의무'는 민주주의를 실행할 때에도 나타나는데 가장 일반적인 방법은 투표이다. 하지만 투표만으로는 모든 사람이 자기의 생각을 표현하고 각자가 원하는 것을 얻어낼 권리를 얻을 수 없고, 정부가 사람들에게 원하는 것을 해줄 의무를 다할 수 없다. 정부가 그 의무를 다하기 위해서는 사람들이 정치에 참여하고 다수가 아닌 소수도 자신의 의견을 표현할 수 있어야 한다. 다수만의 의견을 보장하게 되면 소수는 자신의 권리를 침해받게 되기 때문이다. "무조건 절차를 잘 따르고 지키는 것만으로 민주주의가 잘 진행된다고 판단할 수 없다." "다수의 결정이 정당성을 가지려면 공동체의 모든 구성원들을 평등하게 배려하는 것에 근거해야 한다." 마음에 와닿은 구절이다.

_홍승현(홍콩국제중학교 2학년)

1

계란,
바위를 깨뜨리다

"다수가 조금 불편하게,

조금 천천히 가는 방식은 어떤가?

소수가 떠안아야 할 부담을

다수가 조금씩 나누어가지면 되지 않을까?"

『다수를 위한 소수의 희생은 정당한가?』

표창원, 오인영, 선우현, 이희수, 고병헌 지음, 철수와영희

다수를 위한다는 명목으로 소수의 희생을 강요하는 한국 사회의 현실을 다루며, 차별과
희생 없이 더불어 사는 사회를 만들기 위한 해결책을 모색한다. 폭력, 민주주의, 철학,
세계, 평화의 다섯 가지 주제로 나누어 해당 분야 전문가들의 이야기를 들어본다.

비참한 사람들

빅토르 위고Victor Hugo의 『레미제라블』은 1845년에서 1862년에 걸쳐 완성된 장편 소설로, 영화와 뮤지컬로 수차례 만들어질 만큼 많은 사람들에게 깊은 인상을 준 작품입니다. 이 소설의 제목인 레미제라블Les Misérables은 프랑스어로 불쌍한 사람들, 비참한 사람들이라는 뜻입니다. 빅토르 위고가 주인공의 이름으로 제목을 짓지 않은 것은, 아마 이 소설을 통해 진정한 프랑스 혁명 정신이란 가난한 민중들을 구원하고 희망을 주는 것임을 주장하기 위해서였던 것으로 보입니다.

작품 속 주인공 장발장은 성공한 자본가로서 고통받는 민중을 돌보고 사랑하는, 휴머니즘을 실천하는 사람입니다. 또 장발장에게 따뜻한 사랑과 용서를 보여준 미리엘 주교는 종교가 해야 할 진정한 정신을 보여주었지요.

그렇다면 자베르 경감을 통해서 작가가 말하고 싶었던 것은 무엇이었을까요? 알다시피 주인공 장발장은 빵을 훔친 죄로 감옥에 간 뒤 몇 번 탈출을 시도하다가 형량이 늘어서 결국 19년 동안이나 감옥 생활을 하였습니다. 실제로 당시 프랑스의 법은 가난한 민중들에게는 너무 가혹하여 많은 사람들이 억울한 죽음을 당하곤 했지요. 자베르는 법은 반드시 지켜야 한다는 강한 신념을 갖고 있었습니다. 법을 수호하는 것이 신이 자신에게 부여한 소명이라고

연극, 뮤지컬, 영화 등 다양한 장르로 변주되어 오래도록 사랑받고 있는 작품 『레미제라블』.

여겼지요. 그에게 법은 진리와 같았기 때문에 장발장이 가석방 상태에서 신분을 숨기고 다니는 것을 용납할 수 없었습니다.

하지만 장발장을 쫓으면서 그는 점점 신념이 흔들렸고 마침내 무너집니다. 이제껏 법을 지켜야 한다는 믿음으로 수많은 사람들을 불행으로 내몰았음을 깨달았기 때문이지요. 사실 법을 지켜야 한다는 그의 믿음은 잘못된 것이 없습니다. 법은 당연히 지켜야 하지요. 하지만 그가 간과해버린 사실이 있습니다. 법이 왜 만들어졌는지, 법의 사회적 가치에 대해 진지하게 생각하지 않았던 것입니다. 다시 말하면, 법을 만들었던 사회 구조 체계를 보지 못했던 것이지요.

법이 존재하는 중요한 목적은 바로 사회 정의이고 공정성의 실현입니다. 법은 사회적 약자를 보호할 수 있어야 하는데, 그 당시 법은 오히려 가난한 민중들을 억압하고 고통스럽게 했기 때문에 법의 정신과는 거리가 멀었다고 할 수 있습니다. 자신의 정체성이 무너지고 밀려오는 죄책감을 감당할 수 없었던 그는 결국 내부 분열로 죽음을 선택하게 됩니다. 빅토르 위고는 이미 27세 때 쓴 『사형수 최후의 날』이라는 작품에서 사형 제도의 문제점을 지적할 만큼 법의 존재 의미에 관심을 갖고 있었습니다. 『레미제라블』에서도 그는 자베르 경감을 등장시켜 법의 정신을 묻고자 했던 것입니다.

정의로운 폭력은 존재하는가

그렇다면 오늘날에도 자베르 경감과 비슷한 고민을 하는 사람이 없을까요? 공권력*이라는 이름으로 행해지는 경찰의 이른바 '정의로운 폭력'은 과연 말 그대로 정의롭고 정당한 것일까요? 이번에 소개할 책 『다수를 위한 소수의 희생은 정당한가?』 첫 장에 저자의 답변이 있습니다. 공저자 중 한 사람인 표창원 의원은 사회를 유지하려면 악한 자의 나쁜 행동을 막아야 할 필요성은 분명하지만, 어느 정도까지가 정의로운 폭력인지에 대해서는 고민할 수밖에 없다고 말합니다.

예를 들어, 무리한 진압으로 시민과 경찰의 목숨이 희생된 용산 참사, 세월호 참사의 진상 규명을 요구하는 시위나 고압 송전탑, 해군 기지 건설을 두고 지역에서 벌어지는 여러 갈등 현장에 경찰이 동원되어 물리력을 행사하지요. 법 집행이라는 이름하에 공권력을 수호하는 경찰이 개입하는 것입니다. 그러다 문제가 생기면 경찰을 상대로 직권 남용, 혹은 형법상의 상해죄를 물어 고소하기도 하지요. 경찰력의 부당한 법 집행으로 인해 피해를 보았을 때는 국가를 상대로 손해 배상 청구 소송을 내기도 합니다.

• 국가나 공공단체가 국민에 대해 더 우월한 주체로서 명령하고 강제적으로 행사하는 권력.

이렇듯 공공질서를 위한 경찰의 '정당한 폭력'이 정말로 정당했는지를 명확하게 구분하기란 어렵습니다. 폭력이 아닌 평화적 수단을 쓸 수는 없었는지 여부, 또 그것을 충분히 검토했는지 여부를 따져야 하지만 이것은 대단히 주관적인 판단의 영역이다 보니 시대의 흐름, 여론이나 사법부의 태도 등 시대적·환경적 요인에 의해 좌우될 때가 많다고 저자는 말합니다. 따라서 아무리 목적이 정당하다고 하더라도 물리적인 방법은 마지막 수단이 되어야 한다는 것이지요.

한편, 공권력의 정당성을 주장하는 논리로 자주 등장하는 것이 다수를 위한 소수의 희생입니다. 경제 성장을 위해 희생해야 하는 수많은 노동자들, 지역 발전을 위해 희생해야 하는 철거민, 대도시의 전기 공급을 위해 희생해야 하는 밀양 주민, 안보를 위해 희생해야 하는 제주 강정마을 주민 등이 그런 사례이지요. 다수결의 논리에 익숙한 사람들은 저항을 이기주의로 매도하고 이를 탄압하는 국가 권력을 옹호합니다. 공정한 절차를 거쳐 선정되었다는 논리로 정당화하지요. 법적으로는 문제가 없다는 것입니다.

저자는 묻습니다. 공정하다면 다수를 위해 소수가 희생하는 게 당연할까요? 소수의 희생을 발판 삼아 다수가 이익을 취해온 방식에 너무 익숙해진 나머지 그것을 당연하다고 생각하는 건 아닌지 돌아볼 필요가 있습니다. 특히 공권력에 종사하는 사람들은 법률 지식뿐만 아니라 인권 감수성이 높아야 한다고 강조합니다.

민주주의를 방해하는 세 가지 논리

이 책의 다른 저자인 역사학자 오인영 선생님이 알려주는 지배
자의 세 가지 논리도 눈길을 끕니다. 지배자의 첫 번째 논리는 '무
용無用 명제'입니다. 이는 사회 변화를 추구하는 모든 노력은 효과
가 없으며 그 노력은 어떤 변화도 만들어내지 못한다는 논리입니
다. 말하자면 "백날 떠들어봐라. 너희들이 그런다고 세상이 꿈쩍
이나 할 거 같으냐" 이런 논리이지요. 흔히 '계란으로 바위 치기'라
고 하면서 사회 변화를 희망하는 사람들의 의지를 꺾는 말입니다.
하지만 이 논리는 맞지 않습니다. 이런 논리라면 프랑스 혁명이 성
공했을 리가 없지요.

지배자의 두 번째 논리는 '역효과 명제'입니다. 이는 "해봤자 소
용없다"에서 더 나아가 "그러면 더 나빠진다"라는 논리입니다. 이
것도 잘못된 논리입니다. 민주주의 초기에 지배자들은 모두에게
평등하게 투표권을 주면 상황이 더 안 좋아진다고 말했습니다. 대
중은 어리석어서 선동가들에게 현혹될 가능성이 많다는 것이지
요. 또 "가난한 사람을 도와주는 것은 가난을 가중시키는 역할을
할 뿐"이라는 주장도 마찬가지입니다. 하지만 민주주의가 발달한
선진국일수록 경제가 발전한 것을 보아도 이 논리 역시 잘못되었
음을 알 수 있습니다.

세 번째 논리는 '위험 명제'입니다. 국민들에게 복지를 확대하면

일할 의욕을 떨어뜨리고 국가 재정에 부담을 주어 실업자를 양산시킬 거라는 말입니다. 최근 그리스 사태*의 원인을 과잉 복지 때문이라고 주장하는 사람들의 논리와 비슷하지요. 하지만 이것 역시 사실이 아닙니다. 그리스 사태의 원인은 부자들에게 세금을 제대로 걷지 못했기 때문이지요.

결국 "애써봐야 나아질 게 없으니 가만히 있는 게 차라리 낫다"는 것인데, 이같은 논리에 휘둘리지 않는 비결은 긍정적 믿음을 가지고 긍정적 변화를 위한 행동을 하는 것입니다. 세상은 바람직한 방향으로 변화할 수 있다는 희망, 인간에 대한 희망을 놓지 말자는 것입니다. 인간에게는 타인의 고통에 공감하고 이를 덜어주고자 행동하는 본능이 있는데, 이것이 바로 우리 내부의 불안을 줄이고 민주주의를 이룰 수 있는 저력입니다.

---

* 2015년 그리스 디폴트 사태. 유럽중앙은행, 국제통화기금, 유럽연합으로부터 빌린 돈을 갚지 못해 국가 부도 사태가 발생했다.

1. 국가가 주도한 사업 중에는 개인의 이익에 반하는 것들이 종종 있습니다. 원자력 발전소 건립, 밀양 송전탑 건설, 제주 해군 기지 건설 등을 둘러싼 국가와 주민들 간의 갈등이 그런 예입니다. 이럴 때 국가 정책을 주도하는 정부는 법대로 하겠다고 사업을 강행하려고 하지요. 국민들의 투표에 의해 선출되었다는 이유로 주민들의 반대를 공권력으로 막아도 되는 것일까요?

> ‥‥>

도움말) 민주주의는 '주권 재민'을 원칙으로 합니다. 하지만 이것만을 강조하면 자칫 '국민이 선택한 나쁜 권력'을 인정하는 일이 될 수 있습니다. 일부 집권 세력은 '국민들이 뽑아주었으니 내 마음대로 하겠다'는 논리로 국민을 괴롭힐 수도 있습니다. 독일의 히틀러가 그 예입니다. 히틀러는 국민들의 합법적인 주권 행사 절차인 투표에 의해서 총리가 되고 수상이 되었습니다. 하지만 600만 명의 유대인을 학살하였지요. 나쁜 권력은 나쁜 언론을 통해 국민을 속이며 반민주적 행위를 하기도 합니다. 또 민주주의가 다수결에 따른다는 원칙도 위험성을 지니고 있습니다. 다수가 원하는 것이 늘 정의로운 것은 아닐 수 있기 때문입니다. 사람들은 집단 안에서 힘을 가진 다수의 편에 쏠리는 경향이 있습니다. 무조건 다수결이 옳다는 생각에서 벗어나 먼저 어떤 목적으로 누가 주도하고 있는 일인지 알아보아야 하고, 소수의 의견에 귀를 기울이는 게 중요할 것입니다.

2. 교육 현장에서 체벌이 금지되어 있지만 일부에서는 아이를 바르게 교육하려면 이른바 '사랑의 매'가 필요하다고 말하는 사람이 있습니다. 특히 스포츠 분야에서는 좋은 결과를 얻기 위해 선수들을 가혹하게 훈련시키는 일이 종종 언론에 보도되곤 합니다. 교육적 차원의 '폭력'을 어느 정도까지 용납해야 할까요?

····>

도움말) 표창원 의원은 이렇게 사랑의 매라는 이름으로 행하는 폭력에는 어떻게 해서라도 성공하고 싶다는 대중들의 열망이 깔려 있다고 말합니다. 일부 감독들을 비롯한 교육자들은 목적을 이루려면 어느 정도 가혹한 훈련은 견뎌야 한다고 생각하지요. 경쟁이 치열한 스포츠 세계에서 살아남기 위해서 불가피하다는 인식을 하고 있다는 것입니다. 하지만 저자는 이런 방식은 과거에나 통했던 방식으로, 지금은 세계적으로도 과학적이고 체계적인 훈련을 하고 있음을 강조합니다. 결국 아이가 잘되라고 때리는 사랑의 매는 아이들을 내 맘대로 통제할 수 있는 소유물로 보는 태도이고, 인간의 존엄성을 해치는 일입니다.

				친	구	의		글					

이 책은 다섯 명의 전문가가 폭력, 민주주의, 철학, 세계, 평화를 주제로 이야기를 들려주고 있습니다. 이 중에서 가장 인상 깊었던 부분은 이희수 교수님의 이슬람 세계에 대한 이야기입니다.

테러 집단 탈레반과 IS 때문에 우리나라 국민 대부분은 이슬람권을 테러의 땅, 끝없는 분쟁의 나라로 생각합니다. 그러나 우리가 배우는 세계사는 '세계'사가 아닌 '유럽'사에 더 가깝습니다. 그렇기 때문에 세계 4대 문명 이래로 눈부신 발전을 거듭했던 이슬람권에 대해 모르는 부분이 많습니다. 역대 이슬람 국가들은 거대한 세력을 가지고 있었습니다. 메소포타미아 문명으로 시작해서, 페르시아, 사산조 페르시아를 거쳐 오스만투르크 제국까지. 이들은 산업 혁명 이전까지 유럽을 끊임없이 압박했습니다. '이슬람 포비아'라는 말까지 생겨날 정도로요.

우리나라 사람들이 이슬람에 대해 곱지 않은 시선을 갖게 된 것은 일제 강점기 때 일본인들이 심어준 의식 때문이라고 합니다. 일본의 식민 지배를 받는 동안 일본 교과서에 나온 대로 서양을 동경하고 이슬람은 싫어하는 시각이 생겨난 것입니다. 여기에 한국인은 단군 이래 한민족이라는 의식을 갖고 살아왔습니다. 그래서인지 우리나라 사람들은 외국인들을 안 좋은 눈으로 보는 경우가 많습니다. 특히 미국과 유럽을 제외한 나머지 외국인들을 차별하고 이슬람권에 대해 부정적인 시각을 갖고 있습니다.

하지만 글로벌 시대에 한국이 성장하려면 우선 외국에 대한 부정적인 시각을 없애고, 열린 마음으로 서로 화합해가는 그런 마음가짐이 필요합니다. 그러려면 우선 역사책을 많이 읽어봐야 할 것입니다. 어떤 계기로 문제가 생겼고 무엇이 잘못되었는지 생각하게 해주기 때문입니다.

_김민규(서초중학교 2학년)

좋은 힘,
나쁜 힘 가려내기

" 힘 자체는 현실적으로 존재하는 것인데

그 힘을 어떤 에너지로 쓸 것인가,

어떤 방향으로 쓸 것인가를 결정하는 건

누구일까요? 바로 여러분이에요."

『세상을 바꾸는 힘』

조영선, 하승수, 김두식, 하승창, 박성준, 고병권 지음, 궁리

'힘'이라는 한 글자 뒤에 숨은 다양한 이야기. 학교 폭력, 국가 폭력 같은 부정적인 힘뿐만 아니라 시민의 힘, 인문학의 힘, 청소년의 주체성, 인권을 지키기 위한 저항 운동 등 세상을 바꾸는 작지만 강한 힘에 대해서도 살펴본다.

눈에 보이지 않는 폭력

"무섭다. 난 무서워서 살 수가 없다."

1980년 봄에 발표한 전상국 작가의 소설 「우상의 눈물」의 마지막 문장입니다. 소설 속 기표가 학교를 떠나면서 여동생에게 남긴 쪽지에 적혀 있는 문장입니다. 기표는 학교에서 폭력을 휘두르던 문제아였는데 담임과 반장 형우의 주도면밀하고 교묘한 술책에 의해 얌전한 아이가 됩니다. 오히려 기표의 불우한 집안 형편이 알려지면서 학생들 사이에서 기표를 돕기 위한 모금 운동이 벌어지고, 이 사연이 신문에 미담으로 소개됩니다. 게다가 자신의 이야기를 영화로 제작하겠다며 계약을 하자는 말을 듣고 기표는 도망을 칩니다. 기표는 왜 도망친 것일까요? 기표가 무서워한 것은 무엇이었을까요?

이 소설을 읽은 독자들은 눈치를 챘겠지만, 기표는 자신의 힘을 무력화시킨 더 큰 힘에 두려움을 느낀 것입니다. 폭력으로 남을 괴롭히던 사람이 자신보다 더 센 폭력을 만나면 기가 죽는 것과 같은 이치입니다. 기표가 저지른 폭력은 눈에 보이는 폭력이지만 담임과 형우가 보여준 폭력은 언뜻 봐서는 폭력으로 느껴지지 않습니다. 흔히 우리는 물리적으로 가해지는 힘은 폭력으로 인식하지만 눈에 보이지 않는 구조적인 폭력은 폭력으로 인식하지 않는 경향이 있습니다. 선생님은 담임으로서 학급의 질서를 바로잡아야 한다는 정당한 이유가 있기 때문에 합법적입니다. 심지어 담임으로서 학급 운영을 매우 잘한 것으로 비춰집니다. 하지만 기표의 힘을 무력화하는 과정에서 담임과 형우는 계획적으로 사실을 왜곡하고 과장하고 미화합니다.

학교 안에서 일어나는 집단 따돌림이나 폭력은 결국 다른 사람을 힘으로 억누르고 싶은 심리에서 비롯된다고 할 수 있습니다. 힘이나 권력은 타인의 인정에 의해 결정됩니다. 많은 사람들이 선망하고 따르면 힘을 갖게 되지요. 일반적으로 학교에서는 공부를 잘하는 학생에게 상을 주고 혜택을 줍니다. 그러다 보니 많은 학생들이 공부 잘하는 학생을 부러워하고 선망하지요. 잘생긴 외모나 인기, 부유함도 힘으로 간주됩니다. 이렇게 힘의 서열이 매겨지고 힘을 가진 사람이 힘이 없는 사람을 무시하고 군림하는 것이 폭력이 되는 것입니다. 학교 안에서 일어나는 집단 따돌림이나 집단 폭력도 결국 이런 서열 중심 가치관에서 비롯된 것이라고 할 수 있습니다.

공권력, 어디까지 허용해야 할까?

「우상의 눈물」에서 담임과 형우의 행동은 학급의 질서를 바로잡는다는 이유로 행해지는 합법적인 폭력으로 해석할 수 있습니다. 이것을 국가 체제로 확장시켜 생각하면 공권력으로 볼 수 있겠지요. 어떤 사람은 공권력을 정의로운 폭력이라고 말하기도 합니다. 공권력은 법으로 인정한 사회적 규범이기 때문에 사회의 질서와 안정을 확립하기 위해서는 어느 정도 폭력을 감수할 수밖에 없는 필요악이라고 말합니다. 알다시피 공권력은 민주주의 사회에서 투표에 의해 선출된 집단이 행사하는 권력입니다. 물론 법의 테두리 내에서 행해지지만 공권력의 사용이 어느 정도까지 허용되는가는 법 해석이 다를 수 있습니다. 즉, 사회적 규범에 의한 폭력인 공권력을 어느 정도 수준까지 인정할 것인가는 논란의 여지가 있다는 뜻이지요.

민주주의는 '주권 재민'을 원칙으로 합니다. 국민에게 주권이 있고, 국민이 투표에 의해 선출한 사람이 국민을 대신하여 공권력을 행사하도록 국민으로부터 위임을 받았다는 뜻입니다. 그러다 보니 투표에 의해 당선된 권력자가 때로는 주권 재민을 빌미로 공권력을 자신에게 이로운 쪽으로 사용하여 문제가 되기도 합니다. 바로 이 때문에 민주주의에서는 3권 분립을 통해 권력자가 공권력을 함부로 쓰지 못하도록 견제하는 구조를 갖추고 있습니다. 그렇다 해도 공권력의 사용은 늘 논란이 됩니다. 그렇다면 국민이 할 수 있는 것은 무엇일까요?

『세상을 바꾸는 힘』에서 저자들이 말하고자 하는 점도 이것입니다. 법을 만드는 것도 중요하지만 그 법이 원래 취지와 정신

대표적인 공권력으로 인식되는 경찰의 공권력은
국민의 기본권을 침해하지 않도록 적법하게 행사되어야 한다.

을 살리고 있는지 국민들이 지켜보아야 한다는 것입니다. 또 잘못된 쪽으로 쓰일 경우, 힘을 모아서 잘못된 것을 바로잡을 수 있어야 한다는 것입니다. 아무리 학생 인권 조례가 만들어졌어도 학생들이 조례에 대해 잘 모르고 그 법을 살리려는 의지가 없다면 조례는 존재 의미가 없습니다. 공저자 중 한 사람인 조영선 선생님은 조례가 제정되었어도 조례에 강제 사항이 없어서 교장 선생님에 의해 학교마다 인권 조례 실행이 달라질 수 있다고 말합니다. 조례 자체에 힘이 있는 것이 아니라 어디까지나 조례는 학생들로 하여금 힘을 만들도록 보장해주는 것임을 강조합니다. 따라서 세상을 바꾸는 힘은 스스로 만들어야 한다는 것이지요.

또 다른 저자인 김두식 교수는 현재의 국가 폭력은 감시에 의한 통제 방식으로 진행될 수 있음을 경고합니다. 어디에나 설치된 카메라를 비롯하여 매일 사용하는 신용카드를 통해 국민들의 사생활이 감시될 수 있으며, 힘 있는 권력자가 마음만 먹으면 특정인을 감시, 통제할 수 있습니다.

상상력이 권력을 바꾼다

그런가 하면 미디어 기술의 변화가 새로운 시민 사회를 만드는 계기가 되고 있다고 말하는 저자도 있습니다. 그런 예가 바로 1인

미디어의 힘입니다. 한 명의 기자가 블로그나 트위터에서 수십만의 팔로워를 이끄는 경우도 있습니다. 그들이 시민 사회에 미치는 영향이 결코 작지 않습니다. 연예인이나 작가 사회 참여가 큰 변화를 가져오기도 합니다. 예전에는 정당이나 전통적인 미디어나 연구소, 시민 단체를 중심으로 움직였다면 지금은 개인이나 소셜미디어를 매개로 하는 네트워크가 중요한 역할을 하고 있습니다.

유럽에는 '해적당'과 같은 새로운 개념의 정당도 등장했습니다. 지식 재산권의 공유나 가족 정책, 환경, 복지 등을 주장하는 정당으로, 젊은이들이 중심이 되어 움직이고 모두 인터넷을 능숙하게 사용합니다. 독일의 해적당은 자신들을 리퀴드 데모크라시Liquid democracy라는 말로 표현합니다. '흐르는 민주주의'라는 뜻으로 기존의 정당들과는 특히 의사 결정 과정이 다르다고 합니다. 당내 의사 형성과 의사 결정 과정에 누구라도 참여할 수 있도록 온라인 토론 시스템인 리퀴드 피드백Liquid feedback을 개발해 사용합니다.

이 책의 저자 중 한 사람인 하승창 시민운동가는 이런 변화에 주목해야 한다고 강조합니다. 그는 오늘날 전 세계적으로 시민들이 거리로 나선 것이 현재의 국가 시스템이 개인이 처한 여러 문제를 해결해주지 못하고 있음을 보여준다고 말합니다. 국가 운영 방식에 변화가 필요하다는 뜻입니다. 지금의 대의제나 행정 시스템만으로는 시민들의 요구를 수용하고 해결하기 힘들어졌습니다. 그는 예전에는 집단의 이익에 동참하는 것을 더 중요시 여겼지만 지

* 독일 보훔에서 열린 해적당 전당대회에서 당원들이 거수 투표를 하고 있다.

금은 개인이 중요한 사회적 역할을 할 수 있는 시대가 되었다고 말합니다. 우리 집단 '전체'가 뭔가를 해야 되는 것이 아니라 '나'라고 하는 자아가 이전보다 훨씬 중요한 의미를 지닌 시대가 되었다는 것입니다. 결국 시민 한 사람의 힘이 중요한 시대라는 뜻입니다.

그런 면에서 "상상력이 권력을 바꾼다"라는 저자의 말을 새겨들을 필요가 있습니다. 처음 미국에서 대통령제를 만들 때 많은 상상력이 동원되었듯이 새로운 시대를 살아가기 위해 어떤 공동체를 만들어갈지 상상해보아야 합니다. 관심을 갖고 상상을 해야 잘못된 것을 바꿀 수 있고, 원하는 세상을 만들어갈 수 있습니다. 세상을 바꾸어나갈 힘도 결국 상상력에서 시작됩니다. 그런데 좋은 세상을 상상하려면 무엇이 좋은 세상인지를 알아야겠지요. 당연한 말이지만 독서와 토론으로 철학하는 힘을 기르는 것이 상상력의 바탕이 될 것입니다.

1. 예전에는 투표권이 있느냐, 없느냐가 중요했는데 이제는 투표권을 행사해도 자기를 대표할 수 있는 사람이 국회에 들어가지 못하는 상황이 문제가 된다고 합니다. 투표권이 주어졌다 해도 실제로는 불평등하다는 것입니다. 미국의 하원의원 대부분은 부유한 백인입니다. 우리나라도 국회의원 중 85퍼센트가 남성이고, 국회의원 중에 변호사 출신이 10퍼센트가 넘는다고 합니다. 만약 제비뽑기를 하여 유기농 농부, 채식주의자, 동물복지가, 성 소수자, 비정규직 노동자, 이주민, 실업자 등 다양한 직업인으로 국회를 구성하면 어떨까요? 시민들의 의견이 골고루 반영될 수 있는 국회의 모습을 상상해보세요.

⋯⋯>

도움말) 실제로 『추첨 민주주의』라는 책을 쓴 어니스트 칼렌바크와 마이클 필립스는 투표권이 주어져도 정치적으로 평등하지 않기 때문에 선거 대신 제비뽑기로 국회를 구성하자는 주장을 합니다. 남성, 여성, 흑인, 히스패닉 등 인구 비율에 맞춰 추첨으로 국민을 대표하는 사람을 선출하자는 것이지요. 민주주의가 제대로 실현되기 위해서 어떤 선거 방식으로 바꾸면 좋을지 고민해보세요.

2. 1960년대 미국 예일대 심리학과 교수 스탠리 밀그램의 권위에 대한 복종 실험은 아주 유명합니다. 사람들이 부도덕한 상황에서도 왜 권위에 복종하게 되는지를 알아보는 실험이었습니다. 실험에서 65퍼센트의 사람들이 도덕적으로 옳지 않다고 생각하면서도 윗사람의 명령에 복종했습니다. 이런 실험 결과가 나온 것은 어려서부터 교육을 통해 복종을 해야 생존에 더 유리하다고 믿어왔기 때문입니다. 현재 학교나 사회에서 나도 모르게 복종에 길들여진 점은 무엇인지 생각해보세요. 또 고쳐야 할 점이 있다면 무엇이 있으며, 이를 해결하기 위해 어떤 힘이 필요한지 생각해보세요.

·····>

도움말) 사람들이 권위에 대한 복종을 하는 이유는 자신은 시켜서 하는 일이기 때문에 잘못이 없다는 생각 때문입니다. 또 자신에게 불이익이 올까 두려워합니다. 집단에서 소외될까 봐 두려워 권위자에게 복종하기도 합니다. 하지만 이런 식의 복종은 오히려 권력을 가진 사람에게 힘을 실어주어 많은 사람들에게 피해를 줄 수 있지요. 따라서 권위에 대한 복종이 어떤 결과를 가져올지 고민해보고, 좋은 힘과 나쁜 힘을 구별할 수 있는 힘을 길러야 합니다.

					친	구	의		글					

인권은 모든 인간이 누릴 수 있는 인간답게 살 최소한의 권리를 말한다. 인간이 인간답게 살려면 어떤 권리들이 필요할까? 그리고 이런 권리들은 모든 인간에게 잘 보장되어 있을까? 이 책은 이런 의문점을 제시하고 그에 대한 해답을 제시하고 있다.

이 책에는 학생 인권에 관한 내용이 있다. 머리를 염색하고 화장을 한다고 해서 남에게 피해를 주는 것도 아닌데, 어른들의 마음에 들지 않는다고 무조건 규제해버린다. 이에 대해 학교 안에서 충분히 토론하고 합의를 한 기억이 없다. 몇몇 학생들이 반대를 하고 불만을 표시해도 이를 존중하고 대화를 나누기보다 무조건 따르라는 분위기이다. 나는 이러한 방식은 개성을 없애고 기계를 생산해내는 것과 다름이 없다고 생각한다.

책 내용 중에 학생들 사이에 일어나는 폭력 행위뿐만 아니라 학생들의 인권을 존중하지 않는 선생님의 행동도 학교 폭력이라고 한 부분이 기억에 남는다. 개성을 표현하지 못하게 하고 자신의 의지가 아닌 타인의 의지로 행동을 하게 하는 것은 그야말로 폭력이다. 이런 것들이 없어지려면 사회 깊숙이 박혀 있는 편견을 없애는 것이 가장 중요할 것이다. 머리카락 색깔이 금색인 것이 불량아의 기준이 되어서는 안 된다. 또 선생님들이 학생을 자신보다 아래에 있는 사람이라고 생각하지 않고, 같은 인간으로서 존중해줘야 한다고 생각한다.

선생님이 권위나 사랑으로 학생들을 대하지 않고 단지 선생님이라는 지위의 힘으로 억누르고 인권을 무시하면, 학생들도 그것을 배워서 어떻게든 힘으로 다른 사람을 누르려고 할 것이다. 이것은 국가가 공권력이라는 힘으로 국민들을 누르고 탄압하는 것이나 같은 것이다. 성적이나 외모, 돈이 아닌 각자가 갖고 있는 개성을 존중해주어야 학교에서 학생들이 존재하는 이유를 찾고, 진로 찾기도 쉽지 않을까?

_송석준(성남중학교 3학년)

정치,
어렵지 않아요

"민주주의에는 공짜가 없습니다.

　무엇인가 나에게 필요한 권리를 얻기 위해서는

　목소리를 내야 하고, 때로는 희생이 있어야만

　얻을까 말까 한 것이 민주주의입니다."

『청소년, 정치의 주인이 되어 볼까?』

이효건 지음, 사계절

민주주의 체제의 정치를 생생하게 설명해주는 책. 민주주의의 의미, 권력 분립의 원칙,
선거 제도의 종류, 법과 정치의 관계, 국가 기관의 구성과 역할 등에 대해 청소년 눈높
이에 맞게 풀어냈다.

어리다고 생각하지 말아요

몇 년 전 이탈리아에서 열린 세계청년대회에 우리나라 청년들 30명과 함께 참가한 적이 있었습니다. 한번은 그룹으로 앉아 정치 참여에 대해 토론을 하게 되었습니다. 그런데 그 자리에 참석한 대학생들 대다수가 초중고를 거쳐 대학교에 들어와서도 정치적인 문제를 두고 치열하게 논쟁을 하거나 심도 깊은 정책 토론을 해본 적이 없다고 말했습니다. 그러자 그 옆에 앉아 있던 이탈리아 고등학생이 매우 의아하다는 표정으로 이렇게 말했습니다. "어떻게 그럴 수 있지요? 저희는 학교 수업 시간에 정치적으로 중요한 문제를 두고 자주 토론을 해요. 선생님들이 수업과 연계하여 토론을 하도록 준비를 시킵니다."

이에 대해 청년들은 한국의 청소년들은 정치에 관심이 많지만 교육 현장에서 정치에 대해 토론하는 기회가 적다, 정치 토론을 하고 싶어도 당장 입시에 매달리느라 신문 읽고 책 읽을 시간이 부족하다고 털어놓았습니다. 심지어 어떤 청년은 대학에 들어오기 전까지 노동조합이 무엇을 하는 곳인지, 시민운동이 무엇인지도 제대로 배운 적이 없다고 말했습니다. 국정 교과서에 대해 온갖 매체가 떠들 때조차 학교에서 이에 대해 본격적으로 토론한 적이 없었다고도 합니다.

그런데도 지난 대통령 탄핵 촛불집회에서 보여준 청소년들의

많은 청소년들이 촛불집회에 참석했을 뿐만 아니라
직접 청소년 시국대회를 기획하고 자유 발언을 하는 등 적극적으로 참여했다.

행동은 어른들의 예상을 뛰어넘었습니다. 수많은 청소년들이 광장에서 보여준 발언과 주장들, 질서 있는 행동들은 많은 감동을 주었습니다. 청소년들은 아직 어리다고, 정치에 휘말리면 큰일 난다고 염려했지만 그건 기우였지요. 많은 사람들이 그들에게서 대한민국의 희망을 보았다고 말했습니다. 이런 분위기에 힘입어 최근에는 만 19세 이상으로 되어 있는 투표 연령을 만 18세로 낮추어야 한다는 주장이 여론의 지지를 받고 있습니다.

2017년 대통령 선거 때 청소년들은 모의 투표를 통해 정치에 참여했습니다. 청소년 단체들이 주최한 '청소년이 직접 뽑는 제19대 대통령 모의 투표'에 투표권이 없는 만 18세 이하 청소년들 5만 1,715명이 참여했습니다. 이 행사는 온라인 사전 투표부터 선거 당일 광화문 광장 등 전국 30여 개 투표소에서 현장 투표까지 실제 대선과 똑같은 일정으로 진행되었습니다. 그 결과 청소년들이 뽑은 대통령 역시 더불어민주당 문재인 후보였습니다. 39.14퍼센트의 득표율을 얻어 1위를 차지했습니다. 2위는 정의당 심상정 후보로 36.02퍼센트의 지지를 받았고, 자유한국당 홍준표 후보는 2.91퍼센트를 얻어 가장 적은 지지를 받았습니다.

청소년 단체 주도의 모의 투표 외에도 SNS 등을 활용한 가상 투표 열기도 뜨거웠습니다. 카카오톡 투표하기 기능을 이용해 반 친구들과 대선 모의 투표를 진행하는가 하면 지지하는 후보의 번호를 종이에 쓴 후 사진을 찍어 인증하는 사람도 많았습니다. 이런 현상에 대해 사람들은 청소년들이 사회적 약자를 보호하는 제도와 정의로운 사회에 대한 관심이 높아졌음을 반영한 것이라고 분석하기도 합니다.

정치 참여와 민주주의 공부는 가정과 교실에서부터

『청소년, 정치의 주인이 되어 볼까?』는 청소년들에게 민주주의가 무엇이며 왜 정치에 관심을 가져야 하는지, 정치 참여는 어떻게 할 수 있는지 등을 알려주는 책입니다. 흔히 정치 참여라고 하면 정당 활동을 하거나 광장에 나가서 시위를 하는 것만 떠올리기 쉽지만 꼭 그런 것만은 아니라는 걸 알려줍니다. 예를 들어, 살색을 살구색으로 바꾼 사연을 알아볼까요?

요즘은 크레파스나 색연필 등에 '살색'이 없지만, 1990년대까지만 해도 살색이라고 표기되어 있었습니다. 살색이 살구색으로 바뀐 것은 목사님 한 분과 외국인 노동자 몇 분이 국가인권위원회에 청원을 했기 때문입니다. 살색이라고 하면 우리와 피부색이 다른 흑인이나 백인의 피부는 사람의 색깔이 아니라는 뜻이므로, 이것은 인종 차별이라고 의견을 낸 것입니다. 이들의 청원이 받아들여져서 2002년부터 '연주황색'으로 쓰게 되었지요. 그런데 2년 뒤 앞서 청원서를 냈던 목사님의 두 딸이 연주황색은 한자어여서 초

[*]인종별 스킨톤 크레용 세트.
인간의 피부색을 한 가지로 고정할 수는 없다.

등학생들이 읽기에 어려우므로 읽기 쉬운 살구색으로 바꿔달라고 청원했습니다. 당시 두 학생은 초등 5학년과 중학교 1학년이었습니다. 결국 이 청원도 받아들여져서 '살구색'으로 고쳐 쓰게 되었지요. 관심과 참여가 이루어낸 바람직한 사례입니다.

이처럼 정치에 참여한다는 것은 단지 어떤 후보에게 한 표를 던지는 것만을 의미하지 않습니다. 평소 일상 속에서 불공정하다고 느끼는 것을 발견했을 때, 그것이 인간의 존엄성을 해치는 일이라고 여겨질 때, 그것을 바꿔보려고 노력하는 것이 바로 정치 참여입니다. 그러려면 무엇이 잘못되었는지 알아차릴 수 있는 민감성이 필요합니다. "연주황색은 한자어여서 초등학생들에게는 어려워. 이건 글을 모르는 사람을 무시하는 거나 마찬가지 아닌가?" 이렇게 문제점을 지각하는 것이 바로 민감성입니다.

책 속에는 이런 사례도 있습니다. 아주 오랫동안 학교 출석부의 앞 번호는 남학생부터 시작되고 남학생 번호가 다 끝나야 여학생 번호가 시작되었습니다. 몇 십 년 동안 아무도 이상하게 생각하지 않고 고치려 하지 않았던 이 불합리한 일은 한 여중생에 의해 바뀌었습니다. 이 여학생은 출석부 번호가 남학생이 끝나야 여학생이 시작되는 불평등을 고쳐달라고 요구했고, 여성부에서는 "이것은 '여성은 항상 남성 다음'이라는 차별적인 감정을 초래하는 남녀 차별 행위다"라고 결정했답니다. 지난 2001년의 일입니다.

의사 표시가 없으면 "뜻대로 하소서"가 된다

정치라는 말을 사전에서 찾아보면 상호 이해를 조정한다는 뜻도 담겨 있습니다. 즉, 갈등을 조율하는 것이 정치의 속성입니다. 평준화 교육과 엘리트 교육 간의 갈등은 어떨까요? 대한민국 헌법

제31조에는 교육의 기회 균등을 강조하고 있지요. 그런데 학교에 가보면 심화반이라고 하여 성적순으로 학생들을 모아놓고 공부시키는 곳이 있습니다. 성적이 우수한 학생들만을 위해 기숙사를 운영하기도 합니다. 여기에 속하지 않은 학생들 입장에서는 수업료는 같이 내는데 교육의 질이 다르고 대우도 다르니 기분이 좋지 않을 것입니다. 성적으로 서열을 매기고 다르게 대우하는 학교 현실 속에서 성적이 낮은 학생들은 자신들이 성적이 우수한 학생들을 위한 '도구'가 된 것 같다고 느낄 수도 있습니다. 분명 헌법에서는 교육의 기회 균등을 강조하고 있는 데 말이지요.

반면 성적이 좋은 학생들과 그 부모들 중에는 열심히 공부하지 않고 학습 분위기를 해치는 아이들과 섞여서 교육을 받는 것에 불만을 가지는 사람이 있을 것입니다. 자기가 원하는 수준의 학교에 진학하여 교육을 받을 자유가 있다고 주장하면서 공부 잘하는 학생들만 모아놓고 교육하는 특목고 제도를 지지할 수 있습니다. 이럴 때 어떻게 서로 다른 생각을 조율할까요?

교육을 받을 자유가 먼저라고 주장하는 쪽과 교육 기회의 평등을 우선으로 여기는 쪽의 대립을 해소하기 위한 방안으로 현재 학교에서는 우열반을 나누어 수준에 맞는 수업을 하고 있지요. 그런데 이런 방법이 두 입장 모두를 만족시킬 수 있는지는 의문입니다. 또 요즘은 절대 평가 방식으로 시험 제도를 바꾸어 과도한 경쟁을 없애려고 하고 있습니다만 이 또한 근본적인 해결책이 될 수 있을

지 모르는 상황입니다. 핀란드처럼 우열반을 나누어 수업을 하고, 대신 우등반과 열등반의 시험 문제를 다르게 출제하여 거기서 얻은 성적을 인정해주는 방법도 대안이 될 수 있을 것입니다. 네덜란드에서는 의대생을 뽑을 때 일정 수준의 성적 기준을 넘는 학생들 중에서 의대에 가고 싶은 사람들을 모아놓고 추첨을 한다고 합니다. 무조건 성적이 높은 사람에게만 기회를 주지 않고 의사가 되고 싶은 사람에게도 기회를 주어야 한다는 생각이 담겨 있는 것이지요.

이제까지 살펴보았듯이 정치 참여의 시작은 세상일에 관심을 갖는 것입니다. 관심은 나와 타인을 존중하는 일입니다. 만약 중요한 일인데 투표하지 않거나 의사 표시를 하지 않는 것은 다른 사람이 맘대로 해도 좋다는 허용의 뜻이 담겨 있습니다. 나중에 억울하다고 말해도 할 말이 없고, 다시 권리를 되찾기까지 오랜 투쟁을 해야 할지도 모릅니다. 이 책의 저자는 먼저 학교에서부터 자유롭게 토론하고 합의해가면서 정치와 민주주의를 배워야 한다고 말합니다. "민주적인 생활 태도를 익히는 것은 자신의 권리에 눈뜨는 것이며 내 삶의 주인 된 자세를 갖는 것입니다."

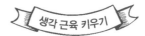

1. 크레파스에 연주황색이라고 표기하는 것은 한자어를 잘 모르는 초
   등학생들을 차별하는 것이라고 국가인권위원회에 의견서를 낸 두
   여학생 이야기가 있었지요. 그렇다면 한글을 잘 배우지 못한 상태
   에서 초등학교에 입학한 학생에게 학교에서 책 읽기를 시키거나 받
   아쓰기 숙제를 내주는 것은 차별이라고 할 수 있을까요?

····>

도움말) 마틴 루터 킹은 대학에 입학한 후 자신의 독서 능력이 중학교 2학년
수준이라는 것을 알고 매우 분노했다고 전해집니다. 미국 정부가 흑인들에게
는 제대로 된 독서 교육을 하지 않은 결과라는 것이지요. 부모의 손이 미치지
못하여 한글을 깨우치지 못한 채 초등학교에 들어갔는데 학교에서 한글 읽기
를 제대로 배우지 못하고 방치된다면 이 또한 차별일 수 있습니다. 또 국가에
서 실시하는 교육적 혜택이 일부 도시나 지역에 집중되거나 성적이 우수한 학
생에게만 주어지는 것도 차별이 될 수 있습니다.

2. 저자는 학교나 사회, 일상에서 민주적인 태도를 기르고 정치에 대해 배우자고 말하고 있습니다. 평소 주변에서 불공평하다고 느낀 것이나 사생활 침해라고 느꼈던 것들을 떠올려보고, 그것을 고치기 위해 어떤 절차가 필요한지 알아보세요. 또 국회의원이라면 꼭 만들고 싶은 법이 무엇인지도 생각해보세요.

·····>

도움말) 정치에 대한 관심은 매일 보는 뉴스를 그냥 흘려보내지 않고 제대로 알려고 노력하는 것에서부터 시작합니다. 사회적으로 중요하게 부각된 뉴스에 대해 여러 매체에 나온 글들을 자세히 읽어보고 깊이 이해한 다음, 가족이나 친구들과 함께 토론해보세요. 또 신문 읽기 동아리를 만들어 함께 뉴스를 읽고 토론하고, 사회적 목소리를 내고 싶을 때는 공동으로 의견서를 만들어 언론 매체나 학교, 행정 당국, 해당 국회의원에게 제출해보는 것도 좋습니다.

| | | | | | 친 | 구 | 의 | | 글 | | | | | |

2016년 가을, 한 언론사에 의해 국정농단 사건이 밝혀졌습니다. 6개월 동안 혼란스러운 소식이 쏟아지고, 국민들은 촛불을 들고 광장으로 나왔습니다. 그리고 우리는 '모든 권력은 국민에게서 나온다'는 헌법 제1조에 나온 대로 잘못을 저지른 대통령을 파면시켰습니다. 흔히 어른들은 이런 것을 보는 청소년들이 무엇을 보고 배우겠냐고 말합니다. 창피하다는 것이지요. 그러면서 막상 청소년들이 정치에 관심을 가지면 정치는 어렵고 복잡하니 몰라도 되는 것이라고, 공부나 열심히 하라고 말합니다.

하지만 5년 후, 10년 후에는 청소년들이 대한민국을 이끌어나가는 원동력이 될 것입니다. 그러니 지금부터라도 청소년들에게 올바른 정치에 관한 교육을 시킨다면 정치에 관심을 갖게 되고, 정치가 무엇인지를 알아서 정치에 참여하는 시민이 될 것입니다. 현재 청소년이 가장 쉽고 편하게 정치에 대해 공부할 수 있는 것은 선거입니다. 선거란 나라의 주인인 국민의 의견을 가장 잘 구현해낼 사람을 국민의 손으로 직접 뽑는 것을 말합니다. 이 책에는 우리나라 헌법에 나온 기본법은 물론 선거 제도에 대해서도 알기 쉽게 나와 있습니다. 역사 속에서 있었던 일들과 학교에서 있었던 일을 예로 들어 설명해주어서 재미있게 읽었습니다. 아마 현재 학교에서 학생들을 가르치고 계시는 선생님이 써서 그런 것 같습니다.

　이 책에서는 민주주의란 어떤 고정된 제도나 완성된 형태로 배우는 것보다는 청소년이 생활 주변에서부터 무엇이 민주적인 행동이고 그것이 어떤 의미가 있는지 몸소 느끼고 알아가는 과정이 중요하다고 말하고 있습니다. 저는 어떤 책이든 가려 읽지 않지만 정치에 관련된 책은 어려워서 조금 꺼려지는데 이 책은 재미있는 에피소드도 많고 청소년들이 알아야 할 정치에 대한 이야기를 쉽게 풀어써서 제 또래 학생들이 읽기에 딱 알맞다고 생각합니다.

_이진서(신원중학교 2학년)

사회독서, 세상을 읽는 힘
❶ 인권과 민주주의

© 2018 임성미

1판 1쇄 2018년 4월 27일
1판 3쇄 2020년 6월 24일

지은이 임성미
펴낸이 김정순
책임편집 오세은
디자인 김수진
마케팅 김보미 양혜림 이지혜

펴낸곳 (주)북하우스 퍼블리셔스
출판 등록 1997년 9월 23일 제406-2003-055호
주소 04043 서울시 마포구 양화로 12길 16-9 (서교동 북앤빌딩)
전자우편 editor@bookhouse.co.kr
홈페이지 www.bookhouse.co.kr
전화번호 02-3144-3123
팩스 02-3144-3121

ISBN 978-89-5605-967-9 44300
      978-89-5605-966-2 (세트)

본문에 포함된 사진 및 인용문 등은 가능한 한 저작권과 출처 확인 과정을 거쳤습니다.
그 외 저작권에 관한 사항은 편집부로 문의해주시기 바랍니다.